Kristin Haug, geboren 1982, studierte Medienwissenschaften, Germanistik und Wirtschafts- und Sozialgeschichte in Jena und Paris. Nach dem Abschluss der Deutschen Journalistenschule in München arbeitete sie seit 2011 als freie Journalistin. Seit 2016 ist sie Redakteurin im Bildungsressort des SPIEGEL, seit 2020 im Ressort Deutschland / Panorama.

Verena Töpper, ebenfalls Jahrgang 1982, studierte Publizistik, Amerikanistik und Filmwissenschaft in Mainz, Wien und Washington D. C. und besuchte die Axel-Springer-Akademie. Seit 2011 arbeitet sie als Redakteurin beim SPIEGEL in den Ressorts Karriere und Bildung, für die sie u. a. aus Kenia, den USA und Australien berichtet hat.

Besuchen Sie uns auf www.penguin-verlag.de und Facebook

Kristin Haug
Verena Töpper

Mittagspause auf dem Mekong

Auswanderer über ihr neues Leben in 28 Ländern

 PENGUIN VERLAG

Sollte diese Publikation Links auf Webseiten Dritter enthalten,
so übernehmen wir für deren Inhalte keine Haftung,
da wir uns diese nicht zu eigen machen, sondern lediglich
auf deren Stand zum Zeitpunkt der Erstveröffentlichung verweisen.

Penguin Random House Verlagsgruppe FSC® N001967

1. Auflage 2021
Copyright © 2021 Penguin Verlag
in der Penguin Random House Verlagsgruppe GmbH,
Neumarkter Straße 28, 81673 München,
und DER SPIEGEL GmbH & Co. KG, Hamburg,
Ericusspitze 1, 20457 Hamburg
Karten: Peter Palm, Berlin, palm-mapping.de
Umschlaggestaltung: Hafen Werbeagentur, Hamburg
Umschlagabbildungen: © IakovKalinin / iStock, © Konstanttin / iStock,
© mikroman6 / Getty Images
Satz: Vornehm Mediengestaltung GmbH, München
Druck und Bindung: CPI books GmbH, Leck
Printed.in Germany
ISBN 978-3-328-10654-8
www.penguin-verlag.de

Dieses Buch ist auch als E-Book erhältlich.

Inhalt

Zweiter Teil
Hier ist es schön, hier will ich bleiben

Dritter Teil

Immer dem Job nach

Vierter Teil

Die Welt ist mein Schreibtisch

Vorwort

Kristallklares Wasser, weiße Sandstrände und dahinter eine grüne Bergkette. Auf die geht es jetzt rauf, mit dem Hubschrauber. Weit unter dem Landeplatz erstreckt sich eine farbgewaltige Inselwelt. Ein Moment für die Ewigkeit. Hier oben auf den Bergen Hawaiis arbeitet Marcus Richter. Hier kommen keine Touristen hin und meist nicht einmal Hawaiianer.

»Ich fühle mich wie ein Auserwählter, der das Privileg hat, hier hoch zu dürfen«, sagt Richter, der seit ein paar Jahren auf Maui wohnt und als Naturschützer arbeitet. Er hat hier, weit entfernt von der Heimat, seinen Traumjob gefunden. Ebenso wie Veronika La Fortune, die auf Tobago einen tropischen Reiterhof eröffnet hat und jeden Morgen dankbar dafür ist, im Paradies aufzuwachen. Oder Carina Wenzel, die auf den Cookinseln in einer Tauchschule arbeitet und von dem Glück erzählt, jeden Tag barfuß zu laufen.

Die Menschen in diesem Buch haben sich ihre Träume erfüllt. Vor elf Jahren porträtierten wir im SPIEGEL zum ersten Mal Deutsche, die sich in einem anderen Land ein neues Leben aufgebaut haben, und die Serie entwickelte sich rasch zu einem der meistgelesenen Formate auf unserer Webseite, das pro Folge mehrere Hunderttausend Leser erreicht.

Über die Jahre haben wir so mit mehr als 100 Auswanderern in aller Welt gesprochen. Manche fanden wir über Blogs oder Einträge auf Portalen wie LinkedIn, andere durch Empfehlungen von Freunden, später schrieben uns auch einige von sich aus an.

Bald zeigte sich ein Muster: Die Motive, warum Menschen Deutschland verlassen und einen Neustart in der Ferne wagen, ähneln sich. Da sind die, die sich während einer Urlaubsreise oder eines Praktikums im Ausland in einen Einheimischen verliebt haben, wie zum Beispiel Annette Horschmann auf Sumatra, und die, die Deutschland gar nicht verlassen wollten, aber ihrem Partner oder ihrer Partnerin in die Ferne gefolgt sind, wie Marcus Richter, der für seine Frau nach Hawaii zog.

Dann gibt es die, die sich auch unterwegs verliebt haben – aber nicht in einen Menschen, sondern in ein Land oder ein Lebensgefühl, wie Sophie Markl im Senegal oder Sven Ernst in Thailand.

Andere treibt dagegen nicht die Liebe, sondern die Not: Sie wandern aus, weil sich nur im Ausland ihre beruflichen Pläne verwirklichen lassen. Dazu zählen zum Beispiel die Landwirte Christiane und Jan Teerling, die in Niedersachsen eine erfolgreiche Wildfarm hatten, aber nicht expandieren konnten, weil ihnen der Platz fehlte. Ihr Grundstück in Kanada ist nun zehnmal so groß, und es gehört ein See dazu.

Dann gibt es noch die, die von ihrem deutschen Arbeitgeber in die Ferne geschickt worden sind, wie Gerd Höfner, der als Manager für Siemens nach Indien ging und dort Karriere machte. Und schließlich die, die ihr Homeoffice einfach ins Ausland verlegt haben, wie Maren Wagener und ihr Mann, die von einem Segelboot aus im Mittelmeer arbeiten.

Für das Buch haben wir die besten Geschichten aus den vergangenen drei Jahren zusammengestellt und nach diesen vier Motiven sortiert, wir haben sie aktualisiert und zahlreiche bisher unveröffentlichte Texte beigesteuert. Herausgekommen ist ein Mosaik an Geschichten aus 28 Ländern und von sechs Kontinenten.

Im Jahr 2018 war die Idee entstanden, bei den Protagonisten der Anfangsjahre noch einmal nachzufragen, was aus ihren Träumen geworden ist. Manche sind inzwischen zurück in Deutschland, so wie Jürgen Braunbach, der nach mehr als 30 Jahren in Asien den Neustart in Bayern wagte und bei einem Start-up angeheuert hat. Andere können sich trotz Rückschlägen und Enttäuschungen eine Rückkehr gar nicht vorstellen, so wie Miriam Milord in New York. Diese Geschichten finden Sie hier im Buch unter dem Stichwort »nachgehakt«.

Die Mehrheit unserer Gesprächspartner wohnt seit vielen Jahren im Ausland. Mit einigen hatten wir vor Ausbruch der Corona-Krise gesprochen, sie haben wir um ein Update gebeten: Was bedeutet die Pandemie für ihr Leben? Es zeigte sich: Bei manchen ist nun nichts mehr wie vorher – aber den Mut verloren haben sie trotzdem nicht.

Mittagspause auf dem Mekong ist weder Reiseführer noch Handbuch fürs Auswandern. Das Buch soll inspirieren, Denkanstöße geben, aber auch ganz konkrete Tipps – und zum Träumen einladen. Denn genau das ist es doch, was Berichte von Auswanderern so faszinierend macht, diese Fragen an sich selbst, die immer mitschwingen: Was wäre, wenn ich meine Koffer packen und alles hinter mir lassen würde? Wie sähe es aus, mein ungelebtes Leben?

Im Privatfernsehen zeigt man Auswanderer gern, um ihnen beim Scheitern zuzusehen. Das ist nicht unser Ziel. Unsere Serie heißt auf spiegel.de »Kulturschock«, aber uns geht es nicht um den Schock, sondern um das, was sich daraus lernen lässt.

Wir wollen über Ländergrenzen hinweg Gemeinsamkeiten aufzeigen und haben nicht nur Geschichten, sondern auch Ratschläge gesammelt: Welche Tipps würden sich die Protagonisten rückblickend geben? Und wir haben Expertinnen und Experten interviewt: Kann man Mut trainieren? Wie lässt sich der Kulturschock vermeiden? Was muss in einem Entsendevertrag stehen?

Wir haben versucht, das Erlebnis Auswandern so realistisch wie möglich zu erfassen. Wir beschönigen nichts, sondern lassen unsere Protagonisten in der Ich-Form erzählen – von den grandiosen Momenten genauso wie von denen voller Zweifel und Angst. Wir erfahren von Kindern, die wochenlang weinen, weil sie ihre deutschen Freunde vermissen und sich nicht verständigen können. Von Bränden und Hurrikanen, die alles zerstören. Aber auch von glücklichen Fügungen und lustigen Missverständnissen.

Wir können nicht alle Aussagen unserer Protagonisten überprüfen, weil wir nicht erlebt haben, was sie erlebt haben. Aber wir haben Fakten recherchiert und immer wieder nachgehakt. Wir haben mit allen Auswanderern telefoniert, mit vielen mehrmals, mitunter stundenlang.

Während der Recherche, bei den Gesprächen mit den Protagonisten dieses Buchs und beim Schreiben saßen wir selbst oft bei grauem Himmel und Nieselregen am Schreibtisch und fragten uns: Warum sind wir noch hier? Am anderen Ende der Leitung war gefühlt immer Sommer, die Sonne schien und das Meer rauschte im Hintergrund.

Wollen Sie auch Fernweh bekommen? Dann gehen Sie mit uns auf die Reise!

Erster Teil

Für dich ziehe ich bis ans Ende der Welt

Das Meer funkelt im Sonnenlicht, Palmen rascheln im Wind, alle Sorgen scheinen Zehntausende Kilometer weit entfernt, und plötzlich taucht da dieser Mensch auf mit seinem Lächeln. Ist es im Urlaub leichter, sich zu verlieben, fern des Alltags, mit Sand unter den Füßen und warmen Sonnenstrahlen auf der Haut? Vielleicht. Aber diese Leichtigkeit hat ein Verfallsdatum: der Tag des Rückflugs nach Deutschland. Und auf einmal sind da diese Fragen im Kopf: Was wäre, wenn? Wenn ich hierbliebe? Könnte dieses Paradies mein neues Zuhause werden? Je näher der Abschied rückt, desto lauter werden die Fragen.

Job und Wohnung kündigen, Eltern, Geschwistern und Freunden Lebewohl sagen und in die Ferne ziehen zu jemandem, den man kaum kennt – das scheint auf den ersten Blick verrückt. Kann so etwas überhaupt funktionieren? Ja. Es kann. Das zeigen die zehn Geschichten in diesem Kapitel.

Annette Horschmann, Carina Wenzel und Veronika Danzer haben sich im Urlaub auf einer Insel verliebt – auf Sumatra, Rarotonga und Tobago – und Deutschland verlassen, um der Liebe eine Chance zu geben. Dafür mussten sie sich auch beruflich neu erfinden.

Annette Horschmann hat für ihren Mann ihre geplante Karriere als Anwältin geopfert und leitet jetzt ein kleines Hotel auf Sumatra. Sie spricht fließend Indonesisch, engagiert sich in der Regionalpolitik und sagt: »Mein Einkommen kann mit dem einer Anwältin mithalten.«

Veronika Danzer, die jetzt Veronika La Fortune heißt, verdiente ihr Geld in Deutschland als Reiterin in einer Pferderevue, nun will sie von Zwang und Dressur nichts mehr wissen. Zusammen mit ihrem Mann betreibt sie auf Tobago einen tropischen Reiterhof und zähmt alte Rennpferde, seit fast 15 Jahren sind die beiden ein Paar. Mittlerweile lebt sogar Veronikas Mutter auf Tobago. Sie ist ihr aus Bayern hinterhergezogen.

Carina Wenzel hat ihre Arbeit als Schreinerin aufgegeben und hilft nun in der Tauchschule ihres Lebensgefährten auf Rarotonga mit. »Kein Tag ist wie der andere«, sagt sie. Der Bungalow, den die beiden bewohnen, ist nur 20 Quadratmeter groß, »aber die meiste Zeit verbringen wir ohnehin draußen in der Natur.«

Alle drei Frauen sind glücklich mit ihrer Entscheidung. »Allein, dass ich jeden Tag barfuß laufen kann, ist für mich ein großes Glück«, sagt Carina Wenzel. »Ich wache jeden Morgen auf und bin dankbar«, sagt Veronika La Fortune. Und Annette Horschmann meint: »Wir leben hier im Paradies.«

Marcus Richter fiel der Abschied aus Deutschland schwer. Seine Frau hatte eine Zusage bekommen, um ihre Doktorarbeit auf Hawaii zu schreiben – aber seine Freude hielt sich in Grenzen. Er sei kein Mensch, der Veränderungen brauche, sagt er: »Ich wollte nicht weg. Aber eine Fernbeziehung zu meiner Frau hätte ich auch nicht ausgehalten.« Und so folgte er ihr nach Hawaii. Wo er nach einem schwierigen Start nun glücklich ist.

Uli Mans ist seiner Frau schon dreimal ins Ausland hinterhergezogen und hat sich dreimal beruflich neu erfunden. Er ist mit einer niederländischen Diplomatin verheiratet, alle vier Jahre ziehen die beiden mit ihren Töchtern um.

Vanille, Chili, Kakao und Kaffee – damit haben sich Clemens Fehr und Antonia Schwoche ihren Lebenstraum im Ausland erfüllt. Auch sie sind für die Liebe in die Ferne gezogen, er nach Afrika, sie nach Lateinamerika. Fehr lebt als Farmer in Uganda, Schwoche betreibt in Peru ein Kaffeehaus.

Nicht alle Auswanderer, die wir in diesem Kapitel vorstellen, sind noch mit dem Partner zusammen, für den sie Deutschland verließen. Fiona Kau zog für ihren Freund nach Mauritius, die Beziehung zerbrach – aber sie blieb. »Seit ich hier bin, habe ich gelernt, mich einfach auf Dinge einzulassen und Gelegenheiten zu ergreifen, wenn sie kommen«, sagt sie. Sie arbeitet auf Mauritius als Psychologin für Kinder und Jugendliche.

Lutz Rahe hat seine große Liebe nicht im Urlaub, sondern im Internet kennengelernt. Sie wohnte in Singapur, er in Hamburg, beide waren verheiratet, aber nach vielen Chats, Telefonaten und zwei Besuchen war ihnen klar: Das ist etwas Ernstes zwischen uns. Und sie vereinbarten: Wer zuerst einen neuen Job findet, zieht um. Und so lebt Rahe nun in Singapur. Er arbeitet dort als Informatiker.

In der neuen Heimat von Karin Haß gibt es kein Internet und auch kein fließendes Wasser. Sie hat sich in Sibirien in einen Pelztierjäger vom Volk der Ewenken verliebt. Ihr Dorf ist nur per Boot zu erreichen – und mindestens vier Monate im Jahr von der Außenwelt abgeschnitten, weil der Fluss nicht befahrbar ist, wenn er zufriert oder taut. Seit 14 Jahren sind die beiden verheiratet. »Er hat für mich das Trinken aufgegeben. Ich bin für ihn von der Vegetarierin zur Fleischesserin und von der Feministin zur Hausfrau geworden«, sagt sie.

Vom Glück, jeden Tag barfuß zu gehen

Carina Wenzel, 41, lebt auf den Cookinseln im Südpazifik. Für ihre Arbeit als Tauchlehrerin steht sie früh auf und macht spät Feierabend. Und fühlt sich doch frei wie nie zuvor.

Fünf Jahre lang hatte ich ihn nicht gesehen: einen Freund aus meinem Abi-Jahrgang. Dann besuchte ich ihn auf Rarotonga, einer der Cookinseln, mitten im Südpazifik. Und verliebte mich – in die Insel, das Meer, die Menschen und in den Schulfreund. Er sagte mir, das müsse wohl der Tauchlehrereffekt gewesen sein.

Nach dem Abi hatte ich erst einmal eine Ausbildung zur Schreinerin gemacht und war dann nach Italien gezogen, um Italienisch zu lernen. Ich habe sieben Jahre lang dort gelebt – es war eine gute Zeit, ich mochte das Land. Nur richtig glücklich wurde ich da nicht. Also machte ich eine Weltreise, um herauszufinden, was ich wirklich wollte: Ich flog nach Hongkong, Australien, Neuseeland, auf die Cookinseln, in die USA und nach Kanada.

Auf den Cookinseln fühlte ich mich am wohlsten, hier hat alles gepasst. Die Menschen, die Natur, ich sammelte Muscheln und ging tauchen. Und entschied mich dazu, mein Leben in Italien hinter mir zu lassen, um nach Rarotonga zu ziehen.

Ich verkaufte meine Sachen, kündigte meine Verträge, verabschiedete mich von den Menschen, die ich liebgewonnen hatte. Es fiel mir relativ leicht zu entscheiden, welche Sachen ich in mein neues Leben mitnehmen wollte: alles, was ich gern hatte, meine

Lieblingsklamotten, eine Decke, Tauchzeug, eine Edelstahlpfanne und andere Kochutensilien. Auf den Flug nahm ich nur einen Reiserucksack und eine Tasche fürs Handgepäck mit.

Es ist schon etwas anderes, wenn man mitten im Südpazifik auf einer 67 Quadratkilometer großen Insel lebt, die nur 9000 Einwohner hat. Ich bin in einer Großstadt aufgewachsen, hatte nie zuvor in einem wirklich kleinen Dorf gelebt, wusste nicht, ob mir das nicht zu einsam werden würde. Ich reiste mit einem Touristenvisum ein, das sechs Monate gültig war – und sagte mir, wenn es nicht passt, dann fliege ich wieder zurück.

In Rarotonga angekommen, zog ich bei meinem Schulfreund ein und half in seiner Taucherbasis aus. Er verleiht hier unter anderem auch Motorroller, Fahrräder und Kajaks. Es hat gepasst, ich bin nicht zurückgeflogen und arbeite immer noch im Geschäft mit.

Inzwischen wohne ich seit mehr als neun Jahren hier und bereue keinen einzigen Tag. Ich habe eine Arbeitsgenehmigung, mit der ich im Land bleiben darf. Sie muss aber jedes Jahr erneuert werden. Nach zehn Jahren hier kann ich eine Daueraufenthaltsgenehmigung beantragen. Ich würde wirklich gern bleiben. Es ist aber nicht garantiert, dass ich die Genehmigung bekomme.

Zu zweit auf 20 Quadratmetern

Normalerweise stehe ich jeden Tag um 6.45 Uhr auf und bin kurz vor acht im Shop. Ich gehe mit den Touristen tauchen, verleihe Ausrüstung, repariere Fahrräder oder Roller, mache sauber, gebe Tauchkurse. Kein Tag ist wie der andere. Zwischen 17 und 18 Uhr mache ich Feierabend. Ich bin die einzige richtige Angestellte und arbeite von Montag bis Freitag, an den Wochenenden habe ich normalerweise frei.

Seit der Corona-Krise gibt es hier nun keine Touristen mehr. Nur noch einmal die Woche kommt ein Flugzeug aus Neuseeland her – mit mehr Fracht als Passagieren. Zum Glück unterstützt uns die Regierung. Private Haushalte brauchen keinen Strom mehr zu zahlen, und unser Vermieter hat die Miete reduziert. Unser Alltag ist gemütlicher geworden. Wir haben ja keinen Zeitdruck mehr.

Die Zeit nutzen wir jetzt, um uns weiterzubilden. Ich habe etwa ein paar Kurse über Problem- und Konfliktmanagement, Teamwork und Teambuilding sowie einen Marketingkurs absolviert.

Obwohl mein Freund und ich normalerweise gemeinsame Tagesabläufe haben und unser Bungalow nur 20 Quadratmeter groß ist, gehen wir uns nicht auf die Nerven. Die meiste Zeit verbringen wir ohnehin draußen in der Natur. Wir wohnen 700 Meter vom Meer entfernt, und ich bin auch ganz froh darüber, nicht direkt am Strand zu leben. Manchmal kann es da schon ziemlich stürmisch werden, und Zyklone können viel Schaden anrichten.

Um die Ecke haben wir einen Tante-Emma-Laden, aber Lebensmittel kaufen wir meist in einem großen Supermarkt. Für einen Liter Milch zahlen wir 2,40 Neuseeland-Dollar, das sind umgerechnet 1,50 Euro. Ein 500 g-Stück Gouda kostet 7,30 Euro. Ich verdiene hier umgerechnet 850 Euro netto im Monat, und wir zahlen regulär knapp 410 Euro Miete. Wenn man viele westliche Lebensmittel oder Milchprodukte braucht, ist das Einkaufen eher kostspielig. Aber wenn man zum Beispiel ein Kilo frischen Gelbflossenthunfisch möchte, bezahlt man zwischen zehn und 15 Euro dafür. Auf dem Markt gibt es frische Gemüsesorten zu erschwinglichen Preisen. Und vieles wächst je nach Saison einfach im Garten oder beim Nachbarn auf dem Feld, der uns gern mal einen Sack Tomaten abgibt. Ein Freund versorgt uns mit Bananen und anderem Obst.

Normalerweise fliegen wir alle zwei Jahre nach Deutschland. Das ist selbstverständlich teuer und umständlich. Die Flüge gehen entweder über Los Angeles und London oder über Auckland und Asien, und wir zahlen meist zwischen 1200 und 1700 Euro dafür.

Ich freue mich immer riesig, wenn ich meine Familie und Freunde in Deutschland besuche. Und natürlich tut mir das Abschiednehmen von geliebten Menschen weh, doch ich merke bei jedem meiner Besuche wieder aufs Neue, wie nach ein paar Wochen die Sehnsucht nach meiner Insel wächst. WhatsApp und Skype machen das Kommunizieren heutzutage sehr viel einfacher. Mit meinem Vater telefoniere ich einmal in der Woche.

Meine Zeit in Italien vermisse ich überhaupt nicht. Ich fühle mich frei und ungebunden, alles passt. Allein, dass ich jeden Tag barfuß laufen kann, ist für mich ein großes Glück. Was jedoch jetzt in der Corona-Krise an mir nagt, ist die Ungewissheit. Ich weiß nicht, wann ich meine Familie wiedersehen kann, und ich weiß auch noch nicht, wie lange wir noch warten müssen, bis die ersten Touristen wieder auf die Insel finden. Aber wir kommen schon über die Runden.

Jedem, der auswandern will, rate ich, seinem Herzen zu folgen, aber sich auch zu fragen, ob er auf der anderen Seite der Erde wirklich arbeiten könnte. Natürlich braucht man Geld zum Überleben und muss flexibel sein, sollte nicht stur an einem Plan festhalten.

Ich habe keine Kinder. Hätte ich welche, könnte ich dieses Leben hier nicht so führen wie jetzt. Mutterschutz gibt es nur für vier Wochen, und ohne zu arbeiten habe ich kein Anrecht auf eine Arbeitserlaubnis und müsste das Land verlassen. Klar mag ich Kinder, aber ich finde es nicht schlimm, dass ich keine habe.

In Rarotonga gibt es sehr viele Expats, jedoch verlassen die meisten die Insel nach zwei, drei Jahren wieder. Einer Expat-Gemeinschaft würde ich mich nicht zuordnen. Unser enger Freundeskreis besteht aus Ausländern und Insulanern.

Wenn es regnet, bleiben wir auch gerne zu Hause, schauen uns den *Tatort* auf YouTube an oder lesen. Wenn ich neue Bücher brauche, dann bestelle ich sie mir einfach online. Zum Glück kommen sie normalerweise auch hier an – am Ende der Welt.

»Mein Einkommen kann mit dem einer Anwältin mithalten«

Annette Horschmann, 53, hatte gerade das erste Staatsexamen in Jura bestanden, als sie sich im Urlaub auf Sumatra in einen Einheimischen verliebte – und blieb. 27 Jahre später lebt sie immer noch dort.

Der Abend, an dem Annette Horschmann sich verliebte, war ihr erster auf der Insel. Sumatra hatte gar nicht auf ihrer Reiseliste gestanden. Aber dann hatten ihr an einem Strand in Thailand andere Backpacker vom größten Kratersee der Erde erzählt, und sie war spontan nach Indonesien geflogen. Für den Mann, den die damals 26-Jährige auf der Insel Samosir traf, opferte sie ihre geplante Karriere als Anwältin.

Das erste Staatsexamen in Jura hatte Horschmann gerade bestanden. Die Reise sollte eine Verschnaufpause vor dem Referendariat sein. Doch zurück in Deutschland packte sie nur einen Stapel CDs ein und machte sich wieder auf die Reise, zurück nach Samosir.

»Meine Eltern waren damals sehr besorgt. Sie hatten Angst, ich würde eine Schmalspur-Juristin werden, weil ich nur das erste Staatsexamen hatte«, sagt Horschmann. »Aber sie hatten mir mit 18 gesagt: ›Du stehst jetzt auf deinen eigenen Füßen.‹ Und daran erinnerte ich sie.«

Sie selbst habe keine Sekunde an ihrer Entscheidung gezweifelt, sagt sie. Und es sind viele Sekunden seit damals vergangen, mehr als 800 Millionen, um genau zu sein. Annette Horschmann lebt seit 27 Jahren auf Samosir. Sie hat den Mann, in den sie sich als junge Reisende verliebte, geheiratet und seine Heimat zu ihrer gemacht. Die beiden betreiben ein kleines Hotel mit 36 Zimmern und haben drei Kinder. Zwei leben gerade in Deutschland; die Tochter studiert, der Sohn macht eine Ausbildung bei einem Sternekoch. Horschmann ist überzeugt, dass sie wieder zurückkommen werden nach Samosir. »Sie wissen, in welchem Paradies sie hier leben.«

Das Hotel liegt direkt am See Toba, umgeben von grünen Hügeln, Reisfeldern und Plantagen. Die Gästezimmer verteilen sich auf mehrere Häuser mit spitzen Dächern, die an Zipfelmützen erinnern. Es ist die traditionelle Bauweise der Region – und ein Teil des Erfolgsrezepts von Horschmann, wie sie sagt. »Wir haben bewusst diese traditionellen Häuser gekauft, weil uns Nachhaltigkeit und Authentizität wichtig sind.«

Nie einen Kredit aufgenommen

Sie sieht sich als Vorreiterin einer Ökotourismus-Bewegung. Langsam wachsen, nachhaltig wirtschaften, das ist ihre Maxime. »Wir haben nie einen Kredit aufgenommen, sondern sind Stück für Stück größer geworden.«

Ihr Start in die Selbstständigkeit war ein vegetarisches Restaurant. Mit den ersten Gewinnen kaufte sie ihr erstes Zipfelmützen-Häuschen, zwei Gästezimmer bot sie an. Nach und nach kamen weitere Häuser hinzu. Heute sagt sie: »Mein Einkommen kann mit dem einer deutschen Anwältin mithalten.«

Sich selbstständig zu machen sei in Indonesien sehr viel einfacher als in Deutschland, schon allein, weil Löhne und Baukosten viel günstiger seien. Die Bürokratie sei allerdings manchmal noch nerviger. Gerade kämpft sie um Lizenzen für die Entsorgung von vermeintlich gefährlichem Müll – der letztlich doch auf den örtlichen Müllkippen verbrannt wird.

»Ich bin hier mittlerweile schon als kritische Mitmischerin bekannt«, sagt Horschmann. »Ständig gibt es Meetings, werden Lizenzen und Logos entworfen, aber um konkrete Lösungen kümmert sich niemand. Da kann ich nicht den Mund halten!«

Sie spricht fließend Indonesisch und mischt gerne mit in der Regionalpolitik. Dass die Region rund um den Kratersee von der Unesco zum Geopark, einer Modellregion für nachhaltige Entwicklung, erklärt wurde, sei unter anderem auch ihr zu verdanken, sagt sie. »Da bin ich stolz drauf.«

Ihr neuestes Projekt: Sie markiert Wanderwege und Mountainbike-Strecken. Eine soll im Frühjahr 2021 von Indonesiens Tourismusminister eingeweiht werden. Horschmann hat ihn schon kennengelernt: In einem Videocall durfte sie ihre Ideen für die Region vorstellen. Eine Seilbahn könne man bauen, mehrtägige Wanderungen mit Übernachtungen in andere Dörfer anbieten. Für den SPIEGEL berichteten wir vor fünf Jahren zum ersten Mal über Horschmann. Seither habe sich viel getan, sagt sie. Die indonesische Regierung habe das Potenzial der Region erkannt. Es werde »gebaut ohne Ende«, bis 2024 soll eine Autobahn bis an den See führen, »dann wird es hier anfangen zu boomen«. Schon jetzt kämen immer mehr einheimische Touristen, an den meisten Wochenenden sei ihr Hotel ausgebucht, trotz Corona-Krise. Weil viele Indonesier gern mit der ganzen Familie verreisen, hat sie neue Familienzimmer bauen lassen, der Pool wurde renoviert. Und die verbleibende Zeit nutzt sie für Webinare, in denen sie andere Hoteliers auf den erwarteten Ansturm von Touristen vorbereitet. Wenn die Corona-Pandemie erst mal vorbei und die Autobahn fertiggestellt sei, rechnet Horschmann vor allem mit vielen Reisegruppen aus China. »Indonesien entwickelt sich gerade in eine tolle Richtung. Das ganze Land ist schon viel sozialer, sicherer, umweltbewusster geworden, und vor allem für den Lake Toba heißt es: Weg von den schmutzigen Fischfarmen und hin zum Ökotourismus«, sagt Horschmann. »Für Unternehmer sind die Chancen hier unendlich.«

»Wer zuerst einen Job findet, zieht um«

Lutz Rahe wollte online Englisch üben – und verliebte sich in seine Chat-partnerin aus Singapur. Hier erzählt der Informatiker, wie er mit 56 Jahren sein Leben umgekrempelt hat.

Wer zuerst einen Job findet, zieht um. Das war die Abmachung zwischen meiner Freundin und mir. Zweimal hatten wir uns für jeweils zwei Wochen in der Heimat des anderen getroffen, in Hamburg und in Singapur. Dann stand für uns fest: Wir wollen ein gemeinsames Leben wagen. Eine weitreichende Entscheidung, denn zu diesem Zeitpunkt waren wir beide noch verheiratet.

Wir haben uns im Internet kennengelernt, in einem internationalen Freundschaftsforum, bei dem ich mich eigentlich nur angemeldet hatte, um mein Englisch aufzubessern. Als Informatiker hatte ich zwar beruflich viel mit Englisch zu tun, aber sich mit jemandem zu unterhalten, ohne auf Google Translate zurückzugreifen, ist ja schon etwas anderes. Wenn mir damals jemand gesagt hätte, dass ich der Liebe wegen bald nach Singapur auswandern und von morgens bis abends Englisch sprechen würde, hätte ich ihn wohl für verrückt erklärt. Aber schon nach meinem ersten Besuch in Singapur war klar: Das ist mehr als eine Brieffreundschaft.

Auch die Stadt hat mir auf Anhieb gefallen. Es ist super sauber hier, geraucht werden darf auch im Freien nur auf bestimmten Plätzen, der Nahverkehr ist wahnsinnig effizient, und es gibt Wasser und Wind – das ist mir als Norddeutschem wichtig. Außerdem liebe ich asiatisches Essen, es darf gern richtig scharf sein. Kulinarisch ist Singapur deshalb für mich ein Traum. An jeder Ecke gibt es leckeres Essen, das sogar günstiger ist, als wenn man es selbst zubereiten würde.

Ich bin Cloud Architect, das ist derzeit weltweit ein gefragter Beruf, weil gerade viele Firmen ihre Onlineangebote in eine Public Cloud verlagern. Ich habe auf LinkedIn passende Unternehmen in Singapur angeschrieben und mich während meines Urlaubs bei einer Firma persönlich vorgestellt. Noch vor meinem Rückflug nach Hamburg hatte ich den Vertrag in der Tasche, und so stand also fest: Ich werde derjenige sein, der umzieht.

Die folgende Zeit war nicht schön, weder für meine Freundin noch für mich, denn wir mussten ja beide durch eine Scheidung. Als ich dann im Dezember 2018 den Aufkleber in meinem Pass hatte: »Keine Adresse in Deutschland mehr«, hatte ich schon ein mulmiges Gefühl. Aber ich wusste, es ist der richtige Schritt.

Feierabend gibt es hier nicht

Meine Kinder sind erwachsen, sie wollen uns hier besuchen, sobald die Corona-Situation es zulässt. Meine Freundin hat einen neunjährigen Sohn, er wohnt jede zweite Woche bei uns und hat sogar schon ein paar deutsche Wörter gelernt. Kinder werden in Singapur sehr leistungsorientiert erzogen, auch in der Freizeit heißt es ständig: »Das musst du schaffen.« Einfach mal Spielen oder Nichtstun ist nicht vorgesehen. Das finde ich schade, aber ich will mich da nicht einmischen, denn kürzer zu treten oder mal eine Pause zu machen, ist hier auch in der Arbeitswelt nicht vorgesehen. 44 Arbeitsstunden pro Woche sind Standard, und einen Freizeitausgleich für Überstunden gibt es nicht – genauso wenig wie einen richtigen Feierabend. Auch am Wochenende oder um 22 Uhr schreiben Kollegen oder Kunden noch WhatsApp-Nachrichten und erwarten, dass man sofort antwortet. Ich mache das notgedrungen mit, habe aber ausgehandelt, dass ich zumindest im Urlaub mein Diensthandy ausmachen darf und nur in Notfällen erreichbar bin.

Obwohl alle sehr stolz darauf sind, möglichst viel zu arbeiten, ist die Arbeitsweise erstaunlich ineffizient. Singapurer sind meiner Beobachtung nach verrückt nach Meetings. Meine Freundin arbeitet in der Lebensmittelindustrie und hat sogar noch mehr Meetings als ich. Aber herum kommt dabei wenig. Es gibt keinen Kaffee, keine Kekse und nur wenige Diskussionen, stattdessen endlose Monologe, zu denen alle freundlich nicken. Das empfinde ich auch als Redner als schwierig – man weiß nie, wie die eigene Präsentation ankommt und ob man die Erwartungen erfüllt. Nachfragen kommen höchstens von den Chefs, und das auch nur sehr selten. Befruchtende Diskussionen gibt es im Grunde nur mit den Kolleginnen und Kollegen im Team. Aber bis die eigentliche Arbeit losgeht, werden noch weitere Arbeitsstunden vertrödelt. Denn in der Regel kriegt man nach einem Meeting noch 500 E-Mails, in denen alle das Gesagte noch mal in eigenen Worten zusammenfassen, und nach zwei Tagen hat dann auch der Letzte den Überblick verloren.

Meine anfängliche Scheu, Kundengespräche auf Englisch zu führen, ist schnell verflogen. An ausländische Akzente sind hier alle gewöhnt, weil sehr viele Expats aus aller Welt in Singapur arbeiten. Dabei ist es für einheimische Firmen gar nicht so einfach, Ausländer einzustellen. Sie müssen nachweisen, dass kein Einheimischer für den Job infrage kommt, dürfen eine bestimmte Ausländerquote nicht übersteigen und müssen für 2000 Dollar einen Pass für die potenziellen Mitarbeiter beantragen.

Einen solchen Pass habe ich nun. Sollte mir gekündigt werden, hätte ich nur vier Wochen Zeit, um mir einen neuen Job zu suchen, andernfalls müsste ich das Land verlassen. Das empfinde ich schon als belastend, obwohl meine Chancen auf dem Arbeitsmarkt ja gut sind. Eine dauerhafte Aufenthaltsgenehmigung könnte ich bekommen, wenn ich meine Freundin heirate. Wir haben uns schon mal erkundigt, welche Formalitäten es da gibt, aber eine Hochzeit ist noch nicht geplant. Ich versuche jetzt erst mal, einen Status als »Permanent Resident« zu erlangen, damit ich in jedem Fall dauerhaft hierbleiben darf. Mit Universitätsabschluss und gefragtem Beruf müssten meine Chancen für die Genehmigung dieses Antrags ganz gut sein.

Mein jetziges Gehalt ist mit dem in Deutschland vergleichbar – allerdings ist brutto hier gleich netto. Was im Vertrag steht, landet auch auf dem Konto; nur einmal im Jahr müssen Steuern abgeführt werden, und der Betrag ist im Vergleich zu Deutschland ein Witz.

Sehr teuer sind hier allerdings die Wohnungen: Für die ersten Monate hatte ich mir ein Zimmer gemietet, für 1100 Singapur-Dollar im Monat (rund 700 Euro), und das war noch das untere Preissegment. In schickeren Gegenden zahlt man für ein Zimmer um die 2000 Singapur-Dollar im Monat (rund 1260 Euro). Und wer eine Wohnung kaufen will, muss ganz schnell mit eineinhalb Millionen Singapur-Dollar oder mehr rechnen. Offenbar gibt es aber genug Menschen, die sich das leisten können – Wohnungen sind hier immer sehr schnell weg.

Besonders beliebt sind Condos, Apartments in von Mauern umschlossenen Wohnblöcken mit Pool und Fitnessstudio, aber da sind die Mieten kaum bezahlbar. Meine Freundin und ich leben jetzt in einer Hochhaussiedlung im 11. Stock. Da haben wir zwar keinen Pool, aber eine tolle Aussicht, und die Insekten fliegen nicht so hoch.

Klar gibt es auch Momente, in denen mir Singapur auf den Keks geht. Es ist hier immer warm und sonnig, aber deshalb hat man auch nie das Gefühl: Boah, heute ist schönes Wetter, jetzt gehen wir raus. Sogar das Hamburger Schmuddelwetter fehlt mir dann. Aber solche Momente gehen wieder vorbei.

Ich bin leidenschaftlicher Rennradfahrer, und durch mein Hobby habe ich schnell Anschluss gefunden. Mit bis zu 60 Leuten radeln wir spätabends oder frühmorgens, wenn es noch nicht so heiß ist, durch die Stadt. Der Straßenverkehr ist kein Problem, hier nehmen Autofahrer mehr Rücksicht auf Radfahrer, aber das Landschaftsbild ist immer gleich: Häuser, Häuser und noch mehr Häuser. Ich würde gern mal wieder über Land radeln, durch eine Allee. Aber dafür muss man schon nach Malaysia.

In Deutschland bin ich sehr gern ins Kino gegangen, hier macht das wenig Spaß, denn alle Filme sind mit chinesischen Untertiteln versehen. Man hat also ständig die Schriftzeichen im Bild.

Von der in Singapur berüchtigten Strenge der Polizei bekomme ich wenig mit, höchstens auf Facebook, wenn Expats ausgewiesen werden, weil sie trotz der Corona-Verbote zusammen auf öffentlichen Plätzen Bier getrunken haben. Mit solchen Leuten habe ich aber wenig Mitleid. Die Regeln werden klar kommuniziert, zweimal am Tag verschickt das Singapurer Gesundheitsministerium per WhatsApp aktuelle Fallzahlen. Und dann muss man sich eben an die Regeln halten. Wer gegen Mindestabstand oder Maskenpflicht verstößt, muss 300 Singapur-Dollar (rund 190 Euro) Strafe zahlen. Beim zweiten Verstoß kostet es 1000 Singapur-Dollar (rund 630 Euro) und beim dritten Mal muss man in den Knast – oder wird eben des Landes verwiesen.

Bevor man Geschäfte oder Restaurants betritt, muss man sich mit einer Corona-Warn-App einloggen. Singapurer ohne Handy gibt es nicht, auch 80-Jährige haben hier ein Smartphone. Manche haben sogar zwei, damit sie besser Pokémon Go spielen können. Es gibt auch Apps zum Denunzieren von Mitbürgern: Wenn jemand zum Beispiel mit einem E-Scooter zu schnell fährt, kann man das per App dokumentieren und den Fahrer melden. Und vor vielen Einkaufszentren hängen Tafeln, auf denen steht, wann dort der letzte Ladendiebstahl stattfand.

Wenn ich in Rente gehe, wollen meine Freundin und ich zurück nach Europa. Nicht unbedingt nach Deutschland, das wäre für sie wegen der Sprache schwierig, aber vielleicht in die Niederlande, da kommt man mit Englisch weiter. Aber die nächsten zehn Jahre bleiben wir sicherlich noch hier.

»Ich habe meine Bestimmung gefunden«

In Deutschland drehte sich ihr Leben um Pferde. Dann verliebte sich Veronika La Fortune, 45, im Karibikurlaub und wanderte aus – nach Tobago.

Sie verliebten sich in einer Bar am Strand der Karibikinsel Tobago. Er: ein Handwerker der Nachbarinsel Trinidad. Sie: eine Urlauberin aus Speyer. 7000 Kilometer trennten die beiden nach ihrer Rückreise nach Deutschland. Aber nicht lange – denn Veronika La Fortune, die damals noch Danzer mit Nachnamen hieß, flog zurück in die Karibik und heiratete Lennon La Fortune.

Vor der Abreise hätte die damals 31-Jährige beinahe gekniffen: »Will ich wirklich auf eine kleine Insel ziehen zu einem Mann, den ich kaum kenne?« Sie wagte es, trotz aller Zweifel. Seit fast 15 Jahren sind sie nun ein Paar. Und heute lebt sogar Veronikas Mutter auf Tobago. Sie ist ihr aus Bayern hinterhergezogen.

Türkisblaues Wasser, weißer Sand und Temperaturen, die so gut wie nie unter 24 Grad fallen – Tobago gilt als Urlaubsparadies. Aber wie ist es, dort zu leben? Paradiesisch, sagt La Fortune: »Ich wache jeden Morgen auf und bin dankbar.«

Zusammen mit ihrem fünf Jahre jüngeren Mann hat sie einen tropischen Reiterhof aufgebaut und bietet Ausritte an. Für Einheimische mit Handicap sind sie kostenlos, Touristen zahlen hundert US-Dollar für eine zweistündige Tour, bei der sie zum Abschluss mit den Pferden im Meer baden gehen.

Auf der Bewertungsplattform Tripadvisor steht der Ausritt auf der Liste möglicher Outdoor-Aktivitäten auf Tobago auf Platz eins, rund 400 Gäste haben ihn mit »ausgezeichnet« oder »sehr gut« bewertet. La Fortune ist stolz auf diesen Erfolg, sagt aber auch, dass harte Arbeit dahintersteckt: »Wir arbeiten sieben Tage die Woche von morgens bis abends, gemeinsam im Urlaub waren wir seit zwölf Jahren nicht mehr.«

Die Ställe, eine Reitarena und ein Yoga-Deck haben sie selbst gebaut, aus Bambus, den gibt es auf Tobago im Überfluss – im Gegensatz zu anderen Baumaterialien.

Im SPIEGEL berichteten wir vor sechs Jahren zum ersten Mal über Veronika La Fortune. Damals besaß sie sechs Pferde, mittlerweile sind es 13. La Fortune hat sie vor der Verwahrlosung gerettet, weil sie als Rennpferde nicht mehr taugten. Ihr erstes Pferd lebte wild auf einem fünf Quadratkilometer großen Grundstück. Der Besitzer wollte das Land verkaufen und das Tier loswerden, doch das sei gar nicht so einfach gewesen, sagt La Fortune: »Zaumzeug um den Hals und ab in die Transportbox, das funktionierte nicht.« Sie brauchte Monate, um das Vertrauen des Pferdes zu gewinnen – und 25 Stunden, um mit ihm quer über die Insel zu ihrem Haus zu laufen.

Nach und nach kamen die anderen Pferde hinzu. La Fortune reitet sie ohne Sattel und Zaumzeug. Für die Gäste legt sie den Tieren Satteldecken und gebissloses Zaumzeug an – die Pferde sollen so wenig beeinträchtigt werden wie möglich. 16 Stunden am Tag dürfen sie auf dem drei Hektar großen Gelände frei herumlaufen. »Die Pferde sind für mich wie meine Kinder«, sagt La Fortune.

Das war früher anders. »Pferde waren mein Arbeitsmaterial. Ich war die Bestimmerin, sie hatten zu funktionieren«, sagt La Fortune. Fünf Jahre lang tourte sie damals mit dem Pferdemusical »Zauberwald« durch die Welt. »So könnte ich heute nicht mehr arbeiten«, sagt sie.

Zwei Jahre lang von der Nachbarin ignoriert

Als sie Lennon La Fortune kennenlernte, hatte dieser mit Pferden nichts zu tun. Heute sei er Reitlehrer, Hufschmied und Tierarzt in Personalunion, sagt sie. Das Wissen hat er sich selbst beigebracht. »Er ist sehr intuitiv und baut schnell Beziehungen zu Menschen und Tieren auf.« Er sei »wie ein Heiler«, habe mal jemand gesagt, »das trifft es ziemlich gut«.

Veronika La Fortune spricht oft vom Heilen, von Harmonie, von der Kraft der Natur und der Kraft positiver Gedanken. Auf Tobago habe sie ihre Bestimmung gefunden, ihre Lebensaufgabe, sagt sie. Aber sie sagt auch, dass sie ihren Erfolg auf der Insel vor allem ihrem Mann zu verdanken habe. »Ohne einen Einheimischen an der Seite hat man es hier als Auswanderin schwer.«

Sie gibt auch zu, dass ihr die Abhängigkeit von ihrem Mann am Anfang zu schaffen machte: »Ich bin jemand, der gern alles selbst erledigt, und es fiel mir nicht leicht einzusehen, dass ich an einigen Stellen allein einfach nicht weiterkomme.« Die ersten zwei Jahre habe die Nachbarin sie zum Beispiel völlig ignoriert. »Heute winkt sie sofort und bringt uns regelmäßig Fischreste, aus denen ich Hundefutter mache.«

Auch die anderen Dorfbewohner fassten erst nach und nach Vertrauen zu der fremden Frau aus Deutschland. Mit einem Fohlen und Gratis-Reitstunden für Kinder konnte La Fortune punkten. Noch immer kommen jeden Tag Schulkinder vorbei, oft mit der ganzen Klasse, um ihre Pferde zu besuchen und in ihrem »Abenteuerpark« zu toben, zu dem außer der Reitarena auch ein großer Garten und ein Sandspielplatz gehören.

Und schon vor Jahren gründete La Fortune den Verein »Healing with Horses«, um Menschen mit Behinderung zu helfen. Sie lädt Musik- und Kunsttherapeuten ein, die Workshops für autistische, geistig oder körperlich behinderte Kinder leiten, es gibt

Koch- und Yogastunden für sie und vor allem: viel Zeit mit den Pferden.

»Wir haben von Anfang an versucht, der Gemeinschaft etwas zurückzugeben; ich glaube, das ist auch Teil unseres Erfolgsrezepts«, sagt La Fortune.

Die ersten Jahre auf Tobago reiste sie zum Geldverdienen noch nach Deutschland und arbeitete als Maskenbildnerin und Bodypainterin auf Events. Das muss sie nun schon lange nicht mehr. Inzwischen haben sie sogar vier feste und drei freie Mitarbeiter. »Wir leben nicht im Luxus, aber wir haben alles, was wir für ein glückliches Leben brauchen«, sagt La Fortune.

Auch die wegen der Corona-Krise derzeit ausbleibenden Touristen machen ihr wenig Sorgen. »Ehrlich gesagt bin ich mal ganz froh über die Auszeit.« Mit ihrem Team gestaltet sie gerade den Therapieraum um, richtet eine kleine Bibliothek mit Lesesaal ein, verschönert den Eingang zum Büro, der auch als Geschenkeshop dient. »Wir nutzen die wertvolle Zeit, um zu renovieren und alles mit viel Liebe und kräftigen Farben aufzufrischen.«

Langfristig wollen sie und ihr Mann noch mehr Land kaufen und ein behindertengerechtes Gästehaus bauen. Auch ein Projekt für die Nach-Corona-Zeit haben sie sich schon überlegt: »Retreats with horses« – Führungskräfte-Workshops für Firmen.

Er geht mit

Uli Mans, 44, ist mit einer holländischen Diplomatin verheiratet. Alle vier Jahre wird sie in ein anderes Land versetzt, und er folgt ihr. Aber nur unter einer Bedingung.

Ich bin meiner Frau ins Ausland gefolgt. Schon dreimal. Männer, die das machen, sind leider immer noch in der Unterzahl. Die Expat-Ehemannkreise sind oftmals klein, und man braucht eine Weile, um sich zu orientieren. Expat-Ehefrauen sind dagegen gut organisiert, sie treffen sich ziemlich oft.

Meine Frau ist holländische Diplomatin und arbeitet für das niederländische Außenministerium. Als wir uns kennenlernten, war ich in Holland für das »The Hague Centre for Strategic Studies« tätig und beriet Unternehmen und die Nato zu Krisenregionen. Wir waren gerade mal ein halbes Jahr zusammen, dann sollte meine Frau einen Posten im Ausland antreten. Sie hatte von ihrem Arbeitgeber eine Liste mit Ländern bekommen, die infrage kamen.

Für mich war damals klar, dass ich mitgehen würde. Doch ich hatte eine Bedingung: Ich müsste in dem Land, in das sie entsandt wird, auch Geld verdienen können. Einfach so irgendwohin mitzuziehen, ohne zu arbeiten, hätte ich nicht mitgemacht.

In unserem Freundeskreis gibt es sehr viele Partnerinnen und Partner, die es irgendwann aufgegeben haben, im Ausland nach Arbeit zu suchen. Es kann schwierig sein, einen Job zu bekommen, und ein Expat-Gehalt ist genug für beide. Viele beschäftigen sich dann mit Freiwilligenarbeit. Für mich war aber immer klar: Arbeit und Karriere machen Spaß und sind mir sehr wichtig. Nicht zu arbeiten, das würde mich auf Dauer nicht erfüllen.

Meine Frau und ich überlegten damals gemeinsam, wo sie einen Posten annehmen könnte. Und wir entschieden auch gemeinsam: im Sudan. Ich kannte die Hauptstadt von meiner Arbeit, fand das Land spannend, und ich wusste, ich könnte von dort aus weiterhin als Berater für NGOs oder die Uno tätig sein. Zudem wollte ich die Zeit im Sudan nutzen, um meine Doktorarbeit über erneuerbare Energien anzugehen.

Ich bin in einem Dorf im Schwarzwald aufgewachsen und wollte gleich nach dem Abi erst mal raus aus Deutschland. Während des letzten Schuljahres habe ich mich daher auch mehr um einen Auslandsaufenthalt in Neuseeland als um meine Noten gekümmert.

Für das Arbeitsvisum musste ich von Deutschland aus nachweisen, dass kein Neuseeländer den Job machen könnte, den ich machen würde: Touristen auf Deutsch erklären, wie sie ein Wohnmobil im Linksverkehr durchs Land fahren können. Das habe ich dann ein Jahr gemacht. Natürlich vor allem aus Neugier und Abenteuerlust, aber auch ein wenig, um mir zu beweisen, dass ich auf eigenen Beinen stehen konnte.

Nach meinem Zivildienst in einer Jugendherberge in Koblenz zog ich nach Holland, weil es dort in den Neunzigerjahren schon einige Studiengänge gab, die man zumindest teilweise auf Englisch studieren konnte. Das englischsprachige Studium war mir wichtig, weil ich wusste, dass ich mit so einem Abschluss später sicher auch im Ausland arbeiten könnte. Ich entschied mich für Entwicklungshilfe, legte meinen Schwerpunkt auf afrikanische Länder und wollte möglichst viel Zeit im Ausland verbringen.

Weil der Studiengang kein Austauschprogramm mit afrikanischen Unis hatte, habe ich mit zwei Kommilitoninnen einfach selbst eins erarbeitet. Wir nahmen Kontakt zu einer landwirtschaftlichen Uni in Uganda auf – und flogen dann als erste Teilnehmer unseres Programms dorthin.

Im Kongo schrieb ich später während des Bürgerkriegs unter dem Schutz der Uno meine Diplomarbeit. Zum Glück ist mir in der Krisenregion nie etwas passiert. Nur einmal entkam ich knapp einer Entführung: Ich war zu Fuß unterwegs und wurde von jemandem in Polizeiuniform angehalten. Der Typ wollte meinen Pass sehen und hat ihn mir dann gleich aus der Hand gerissen. Ich musste in ein Auto steigen, und der Mann und sein Komplize, der eine Kalaschnikow dabeihatte, fuhren mich 20 Minuten durch Kinshasa. Sie unterstellten mir, ein Spion zu sein. Irgendwann verloren sie zum Glück das Interesse an mir, ich durfte aussteigen und erhielt meinen Pass zurück.

Im Jahr 2008 zog ich mit meiner Frau in den Sudan, dort lebten wir drei Jahre. Der Sudan war damals noch ein Polizeistaat unter Präsident Umar al-Baschir. Für Expats mit einem Diplomatenkennzeichen am Auto war das Leben dort ziemlich unproblematisch. Wir hatten ein Haus mit Garten und 24 Stunden pro Tag einen Wächter vom Geheimdienst vor der Tür. Meine Frau wurde in dieser Zeit schwanger. Für die Entbindung flogen wir zurück nach Holland – und als unsere Tochter Cleo zehn Wochen alt war, kehrten wir nach Khartum zurück. Sie hat dort ihre ersten Schritte gelernt, bevor wir im Jahr 2011 wieder nach Europa aufbrachen.

Meine Frau machte ein Sabbatical, um ihre Doktorarbeit fertig zu schreiben, und wir zogen nach Berlin – diesmal für meine Karriere, weil ich dort zur Energiewende arbeiten wollte. Das hat auch geklappt: Ich konnte einen Teil meiner Doktorarbeit als Mitarbeiter des Instituts für transformative Nachhaltigkeitsforschung (IASS) in Potsdam schreiben.

Nach eineinhalb Jahren in Berlin wurde meine Frau nach Den Haag zurückbeordert, und ich ging wieder mit. Inzwischen hatten wir zwei Kinder und betreuten die beiden abwechselnd. Arbeitsteilung war uns beiden immer wichtig.

In Den Haag brauchte ich wieder einen Job – den fand ich an der Universität, wo ich ein Innovationsteam mit aufbauen konnte. Es ging darum, die Uni in die Zukunft zu führen, etwa mit Onlinekursen, Künstlicher Intelligenz und Virtual Reality. Wir blieben vier Jahre in Den Haag, dann wollten wir wieder ins Ausland, um unseren Kindern so früh wie möglich mehr von der Welt zu zeigen.

Damals, 2016, hatte sich meine Frau für Ankara, Pretoria und Teheran beworben, aber das hatte leider nicht geklappt. Dann wurde zwischendurch eine Stelle in Washington frei, und wir sagten zu. Wir mussten allerdings innerhalb von drei Monaten umziehen.

Ich wollte immer mein eigenes Geld verdienen

Meine Frau ist damals vorgeflogen, und ich bin mit beiden Kindern noch bis zu den Schulferien in Den Haag geblieben. Mein Arbeitgeber, also die Universität Leiden, erlaubte mir, ein Jahr lang von den USA aus zu arbeiten. In Washington bekam ich im Jahr 2018 eine Stelle als politischer Berater für die EU. Wieder ein Jahr später erhielt ich das Angebot, als Innovationsexperte für das holländische Wirtschaftsministerium an der Botschaft zu arbeiten. So habe ich in drei Jahren drei Karrierechancen nutzen können und konnte so auch viel von Washingtons Politikszene erleben.

Ich wollte stets mein eigenes Geld verdienen und habe durch die vielen Umzüge viel ausprobieren können. Ich habe es immer geschafft, eine interessante Arbeit im Ausland zu finden, und konnte so meine eigene Karriere aufbauen – auch wenn ich erst einmal als Freiwilliger ein paar Monate unbezahlt irgendwo angefangen habe, wie zum Beispiel als Berater für NGOs im Sudan oder als Freiwilliger beim IASS in Potsdam.

Aber es ist natürlich nicht ganz einfach, Karriere an einem Standort zu machen, wenn man alle paar Jahre das Land wechselt. Ich hätte vielleicht im Sudan eine NGO leiten oder an der Uni in Den Haag aufsteigen können, aber ich zog um, bevor ein Karrieresprung kommen konnte.

Alle vier Jahre habe ich mit meiner Frau die Diskussion, wohin wir ziehen könnten – und wollen. Sie wollte schon ein paarmal nach Moskau, aber da sehe ich wenig Karrierechancen in meinem Arbeitsfeld. Meine Frau hatte auch schon Angebote in Äthiopien und Vietnam, aber dort erhalten die Partnerinnen und Partner keine Arbeitserlaubnis.

Wir hätten nach Madrid gehen können, haben uns wegen der Kinder aber dagegen entschieden. Die sind jetzt acht und zehn Jahre alt, und wir wollen ihnen in ihrer Jugend eine klare Basis geben: Den Haag. Dort haben wir uns vor ein paar Jahren ein Haus gekauft, und da wollen wir nun auf jeden Fall die nächsten vier Jahre wohnen, und dann wird sich das Karrierekarussell meiner Frau wieder drehen.

Wie Antonias Kaffee Señor Raúl begeistert

Antonia Schwoche, 30, ist ihrem Freund Manuel in seine Heimat gefolgt. Sie hat in der peruanischen Stadt Arequipa eine Rösterei und ein Café eröffnet, um ausgerechnet Peruanern deutsche Kaffeekultur zu vermitteln. Das stieß auch auf Skepsis.

Um mein Leben in Deutschland abzuwickeln, habe ich alle Verträge gekündigt, ein paar Haushaltsgeräte wie Kühlschrank und Geschirrspüler verkauft und einen großen Container für rund 8000 Euro gemietet. Dort habe ich das Sofa, das Bett, einige andere Möbel, Bettwäsche, Geschirr, Bücher und persönlichen Kleinkram wie Fotos reingepackt und drei Wochen, bevor ich nach Peru ausgewandert bin, auf die Reise geschickt.

Ich war damals gerade mit meiner Weiterbildung zur Handelsfachwirtin fertig geworden. Eine Woche vor dem Flug bestand ich meine letzte Prüfung. Manuel hatte ich zuvor in einer Berufsschule in Hamburg kennengelernt. Wir wurden ein Paar und entschlossen uns, nach Peru zu ziehen. Manuel wollte nach zwölf Jahren in Deutschland wieder zurück in seine Heimat.

Ich hatte schon immer ein Faible für Spanisch, hatte es in der Schule gelernt und später auch Freundschaften zu Spaniern und Lateinamerikanern geschlossen. Natürlich fiel mir der Abschied schwer, meine Mutter war zuerst etwas skeptisch und fragte mich, warum ich mir denn kein Leben in Deutschland aufbauen wollte.

Aber Manuel und ich hatten ein klares Ziel vor Augen: unsere eigene Kaffeerösterei und ein Café in Peru eröffnen. Ich sollte für das Geschäftliche zuständig sein und Manuel für den Kaffee, schließlich hatte er sechs Jahre lang in der Hamburger Speicherstadt in einer Kaffeerösterei sein Handwerk gelernt.

Wir sind sehr schnell im Alltag angekommen – vielleicht, weil wir so viel zu erledigen hatten. Wir mussten uns für eine Rechtsform unserer Kaffeerösterei entscheiden, Nachweise und Bescheinigungen besorgen, uns überlegen, welche Miete wir uns in welchem Teil der Stadt leisten konnten. Irgendwie klappte alles schneller als gedacht. Nach drei Monaten eröffneten wir unser Kaffeehaus in einem kleinen Laden, 40 Quadratmeter groß, etwa fünf Minuten vom zentralen Platz der Stadt entfernt. Eine Röstmaschine, eine Espressomaschine und eine Kaffeemühle hatten wir aus Deutschland mitgebracht. Wir wollten peruanischen Kaffee nach deutschem Standard zubereiten und die Leute dafür begeistern, denn obwohl in Peru sehr guter Kaffee angebaut wird, gibt es hier noch keine wirkliche Kaffeekultur.

Sonntags zum Mittagessen zu den Schwiegereltern

Wir hatten in Deutschland einiges sparen können und konnten uns damit den Umzug leisten. Die Kaffeerösterei in Hamburg hilft uns auch, sie hat uns einen Kredit auf unsere Espressomaschinen und die Mühlen gegeben. Und dann unterstützen uns auch noch unsere Familien finanziell. Manuels Mutter hat am Anfang im Service mitgeholfen und vertritt uns, wenn wir auf Geschäftsreise oder im Urlaub sind. Sonst treffen wir seine Eltern meist am Wochenende. Hier ist es üblich, sonntags mit der Familie Mittagessen zu gehen. Das schaffen wir allerdings nur ein bis zwei Mal im Monat.

Unser Café liegt direkt neben einem Kulturzentrum, in dem Englisch unterrichtet wird, deswegen sind ein paar Dozenten auf uns aufmerksam geworden, es kamen Freunde und Bekannte von uns vorbei. Wir machten Werbung über Facebook, das hier stark als Marketinginstrument genutzt wird. Inzwischen haben wir sogar schon Stammkunden, einige von ihnen kommen jeden Tag hierher, wie zum Beispiel Señor Raúl, ein älterer Herr, der jeden Morgen zwei Espressi trinkt und seine Zeitung liest. Ich bin sehr zufrieden und kann mir erst einmal auch nicht vorstellen, wieder nach Deutschland zurückzukehren. Ich habe hier auch unseren Sohn zur Welt gebracht. Die Schwangerschaft war für mich bislang die schönste Zeit in Peru. Ich konnte mir meine Arbeitszeit recht flexibel einteilen, und das hat es mir ermöglicht, viele Arzttermine wahrzunehmen und regelmäßig zum Yoga- und zum Geburtsvorbereitungskurs zu gehen.

Als die Corona-Krise begann, mussten wir unser Kaffeehaus für ein halbes Jahr schließen. Allerdings konnten wir in dieser Zeit unseren Lieferservice ausbauen, wir haben also den Kunden den Kaffee direkt nach Hause geliefert und auch mehr Kaffee für Supermärkte und kleinere Tante-Emma-Läden produziert. Inzwischen ist unser Kaffeehaus wieder offen, und wir organisieren auch einige Events, wie etwa Wein-Verkostungen.

In den vier Jahren, in denen ich hier lebe, war ich noch nicht einmal wieder in Deutschland. Die Zeit vergeht so schnell, irgendwie gibt es immer etwas zu tun. Natürlich wäre ich gern an Weihnachten oder zu Geburtstagen in Deutschland, wenn die ganze Familie zusammenkommt, oder auch, wenn es jemandem nicht gut geht. Aber bislang habe ich es noch nicht geschafft. Dafür haben mich meine Eltern schon besucht.

Die Menschen verdienen hier im Durchschnitt wenige Hundert Euro im Monat. Jeder, der hier nur den Mindestlohn verdient, hat es schwer. Wir gehören zur Mittelschicht, aber ich habe keine Angst, ausgeraubt zu werden. Natürlich würde ich niemals mit wertvollem und auffälligem Schmuck durch die Straßen gehen und meide auch einige Gegenden, wenn es dunkel ist. Aber tagsüber fühle ich mich sehr sicher.

Woran ich mich noch gewöhnen muss, ist die Unzuverlässigkeit. Die Leute kommen bei Verabredungen zu spät oder tauchen gar nicht auf. Das kostet viel Zeit. Und auch sonst gehen die Menschen hier alles gemächlicher an. In Deutschland sind wir es gewöhnt, viele Dinge schnell zu erledigen, aber hier ist das anders. Zum Beispiel wollten wir am Anfang einige Produkte direkt zu uns liefern lassen, wie etwa Milch. Doch das klappte nicht. Dann nahmen wir Kontakt zum Produzenten auf, und der Außendienst sollte bei uns vorbeikommen – aber er kam nicht. Erst als wir uns beim Management beschwerten, funktionierte es, und wir wurden in die Kundenliste aufgenommen.

Wenn wir mal ausspannen wollen, fahren wir ans Meer. Das ist so zwei Stunden mit dem Auto entfernt. Da bin ich in Peru am liebsten, aber Arequipa ist auch toll. Eigentlich scheint das ganze Jahr die Sonne, und wir haben immer so um die 20 Grad. Das entschädigt ein bisschen dafür, zu Weihnachten nicht in Deutschland zu sein.

Gut zu wissen

Auch wenn Peru für seine hochwertigen, edlen Kaffeebohnen bekannt ist, heißt das nicht, dass in Hotels oder Cafés guter Kaffee serviert wird. Hier kann auch schon mal eine Tüte Instantkaffee auf dem Frühstückstisch liegen. Eine Kaffeekultur wie in Deutschland entwickelt sich erst langsam in dem südamerikanischen Land. Vor einigen Jahren hat das Landwirtschaftsministerium den vierten Freitag im August zum Día del Café Peruano erklärt – dem Tag des peruanischen Kaffees. Dieser Tag soll dem inländischen Kaffee und seinen Produzenten mehr Aufmerksamkeit schenken. In einigen Cafés gibt es dann Verköstigungen oder kostenlosen Kaffee.

»Ich war so naiv, einem Verfassungsrichter zu trauen«

Clemens Fehr, 60, kam als Entwicklungshelfer nach Uganda – und wurde dort zum Gewürzhändler. Er lehrte Kleinbauern aus dem Kongo, wie man Vanille anbaut, und verkaufte ihre Ernte weiter. Dann stieg der Preis für ein Kilo Vanille von 75 Euro auf mehr als 600 Euro. Hier erzählt er, was der Boom für ihn bedeutet.

Seit drei Jahren ist Vanille teurer als Silber. Ein Kilo schwarzer Schoten kostet derzeit um die 500 Euro, im vergangenen Jahr lag der Kilopreis sogar bei 600 Euro. Aber Vanille- und Kakaohändler Clemens Fehr freut sich nicht über den rasanten Preisanstieg.

»Es sind viele Spekulanten ins Geschäft eingestiegen, die keine Ahnung von Vanille haben. Sie zahlen Unsummen für schlechte Qualität und zerstören den Markt«, sagt er. »Und die Bauern ernten aus Angst vor Dieben die Schoten viel zu früh.« Unreife Vanille habe kein Aroma und rieche nach nichts, die Bauern fänden aber trotzdem Käufer dafür.

Fehr ist promovierter Forstwissenschaftler, seit 1999 lebt er in Uganda und fährt alle paar Wochen mit dem Motorrad über die Grenze in die Demokratische Republik Kongo. Dort hat er Kleinbauern den Anbau von Vanille gelehrt. Anfangs seien die Bauern sehr skeptisch gewesen, sagt er. »Diese Orchideen kannten sie überhaupt nicht.« Doch nach der ersten Ernte wuchs die Begeisterung.

Als wir im SPIEGEL vor sechs Jahren über Fehr berichteten, lag der Preis für ein Kilo Vanille noch bei circa 75 Euro. 600 Kleinbauern aus dem Kongo belieferten ihn regelmäßig. Drei bis vier Tonnen Vanille kaufte er ihnen im Jahr ab. Die Preisexplosion hat dieses Geschäft zerstört. Viele Bauern verkaufen jetzt lieber an Spekulanten oder bieten unreife Schoten an. Nur mit Kakao oder Chili kommt Fehr noch mit den Kongolesen ins Geschäft.

Er baut jetzt seine eigene Plantage auf, ist vom Händler zum Farmer geworden. 55 Hektar hat er in Uganda gepachtet, 25 Kilometer von den Quellen des Nil entfernt. Dort sollen schon bald Vanille, Macadamia-Nüsse und Kakao gedeihen, mit Bio-Siegel. 750 000 Euro haben Investoren aus Dänemark, Japan, Frankreich und Italien in das Projekt gesteckt.

Für Fehr ist es schon die zweite Firmengründung. Mit seiner ersten Firma handelt er Vanille, Kakao und Chili aus sozial und ökologisch nachhaltigem Anbau. Die Produkte sind als Bio und Fair Trade zertifiziert – und seit Anfang 2020 hat Fehr auch ein Demeter-Zertifikat für seinen Kakao, worauf er besonders stolz ist: »Wir sind damit Vorreiter in ganz Afrika.«

Einmal im Jahr reist Fehr üblicherweise nach Deutschland zur Biofachmesse in Nürnberg, mit knapp 3000 Ausstellern aus 144 Ländern der Branchentreffpunkt schlechthin. Im Jahr 2020 fand sie im Februar statt, kurz vor Ausbruch der Corona-Pandemie in Europa, und war eine der letzten großen Messen, bei denen sich noch Tausende Menschen treffen durften. Fehr brachte seine Tochter mit, sie hatte zusammen mit ihrer Zwillingsschwester kurz zuvor die Internationale Schule in Uganda abgeschlossen. Im Anschluss reisten die Schwestern sechs Monate durch Europa, von Deutschland waren sie aber eher enttäuscht. Zu kalt und zu viele alte Menschen, lautete ihr harsches Urteil.

Um den Gewinn eines ganzen Jahres betrogen

Fehr will trotzdem, dass seine Kinder in Europa studieren und Berufserfahrung sammeln. »Wenn sie dann nach Uganda zurückkommen, stehen ihnen alle Türen offen, weil sie beide Welten kennen.«

Wie man auf einem Markt verhandelt, im chaotischen Straßenverkehr besteht, wie man verlässliche Geschäftspartner findet – all das habe er sich hart erarbeiten müssen, seinen Kindern sei dieses Wissen schon in die Wiege gelegt worden, sagt Fehr. »Sie wissen, bei welchen Sätzen man hellhörig werden muss«, ein Spruch wie »Ich bin auf dem Weg« könne auch »Ich komme irgendwann« bedeuten.

Er sei anfangs so naiv gewesen, dass er dachte, jemand, der als Verfassungsrichter arbeitet, sei allein deshalb schon vertrauenswürdig, erzählt er. »In Deutschland gilt: Ein Vertrag ist ein Vertrag. Das darf man hier aber nicht erwarten.« Eine Viertelmillion Euro hat Fehr verloren, weil er Land von einem Verfassungsrichter pachtete, das er letztlich nie benutzen durfte. Zweimal versuchten Diebe, Vanille aus seinem Lager zu stehlen. Und ein Lieferant betrog ihn um den Gewinn eines ganzen Jahres.

»So ein Risiko muss man hier einkalkulieren«, sagt er. »Wenn man das tägliche Leben der Menschen kennt, hat man fast Verständnis dafür.« Wer keine Zukunftsperspektive habe, verhalte sich entsprechend – und leider treffe das auf viele Menschen in Uganda und Kongo zu.

Fehr kam in den Neunzigerjahren als Entwicklungshelfer nach Zentralafrika. Er war frustriert, wie wenig er vor Ort bewirken konnte, wie viel Geld verprasst wurde, aber er verliebte sich erst in den Kontinent und dann in eine Frau. Sie hat eine kongolesische Mutter und einen französischen Vater, die Vorfahren bauten Kaffee im Kongo an. Und so wurde Fehr, Sohn einer badischen Winzerfamilie, zum Tropenlandwirt.

»Einzelnen Menschen Geld zu geben ist ja lieb und nett, aber Spenden ändern nichts an der Gesamtsituation«, sagt er. »Wer einen nachhaltigen Einfluss haben will, muss langfristige Möglichkeiten für die Zusammenarbeit bieten – und genau das tue ich.«

Je nach Saison beschäftige er 40 bis 200 Menschen. Bis zu 600 Kleinbauern kaufe er Kakao, Chili oder Vanille ab. Zusammen mit seiner Frau und den drei Kindern lebt er in Kampala, der Hauptstadt Ugandas. Hektisch, laut und stressig sei es da, sagt Fehr. Die innere Stadt sei ein Labyrinth aus ungeplanten Gassen und vierspurigen Straßen, die auch schon mal zum Markt oder zur Taxihaltestelle umfunktioniert werden, aber es gebe auch französische und belgische Metzger, italienische Pizzerien, Sushi-Restaurants und chinesische Supermärkte. Von Miesmuscheln aus Belgien bis Garnelen aus Tansania sei alles erhältlich. »Nur beim Wein hapert es, der ist mit 150 Prozent besteuert.«

Uganda habe in den fast 40 Jahren nach Ende des Bürgerkriegs große Fortschritte gemacht, sagt Fehr. »Aber es bleibt unter dem Strich ein armes Land. Es gibt kaum Arbeit, die Einkommen sind gering, und das System ist korrupt.«

Im Kongo, einem der ärmsten Länder der Welt, ist die Lage noch kritischer. Vor allem der Osten, wo die Kleinbauern leben, mit denen Fehr zusammenarbeitet, ist geprägt durch Bürgerkrieg und anhaltende Kämpfe. In der Region wurde erst vor wenigen Wochen ein Stützpunkt der Uno-Friedenstruppen gestürmt, mehr als 70 Zivilisten wurden getötet, Dutzende sterben jede Woche an Masern oder Ebola. Die Menschen seien trotzdem »immer freundlich, höflich und gut gelaunt«, sagt Fehr. »Davon können wir wohlhabenden Europäer uns eine Scheibe abschneiden.«

Gut zu wissen

Warum ist Vanille so teuer?

- Die Nachfrage nach echter Vanille ist in den vergangenen Jahren stark gestiegen. Lange verwendeten Lebensmittelhersteller günstigere Imitate wie Vanillin, das zum Beispiel aus Nebenprodukten bei der Herstellung von Papier gewonnen werden kann. Der Trend geht nun zu natürlichen Inhaltsstoffen.

- 60 Prozent der weltweit verwendeten Vanille wachsen auf Madagaskar. 2017 fegte ein Zyklon über die Insel und zerstörte große Teile der Anbauflächen.

- Vanille zu züchten ist sehr aufwendig: Ab der Saat dauert es etwa vier Jahre, bis eine Pflanze blüht. Jede einzelne Blüte ist nur einen Vormittag lang geöffnet und muss einzeln per Hand bestäubt werden – und 600 bestäubte Blüten ergeben gerade mal ein Kilogramm Vanillestangen. Sechs Monate nach der Bestäubung kann eine Vanillekapsel geerntet werden, aber dann ist sie noch immer nicht marktreif. Die Schoten müssen erst noch getrocknet und fermentiert werden, was noch einmal zwei bis drei Monate dauert.

- Die Preise für Vanille schwanken in Zyklen. Um die Jahrtausendwende kostete ein Kilo Vanille nach starken Stürmen auf Madagaskar schon einmal rund 500 Euro. Viele Bauern stiegen in das Geschäft ein, was zu einem Überangebot führte: Der Preis fiel auf 25 Euro pro Kilo – und stieg dann wieder auf mehr als 600 Euro pro Kilo im Jahr 2019. Nun scheint ein neuer Abwärtstrend zu beginnen: Im Frühjahr 2020 kostete ein Kilo Vanille rund 500 Euro.

Jedes Wochenende Traumurlaub ·

Kitesurfen statt Kaffeetrinken, Tauchen statt Theater: Fiona Kau, 31, hat vor fünf Jahren München gegen Mauritius getauscht – eine Entscheidung aus Liebe.

Wenn ich sage, dass ich auf Mauritius lebe, denken viele alte Bekannte aus Deutschland, ich würde jeden Tag am Strand verbringen und hätte das ganze Jahr über Urlaub. Auch wenn meine Wochenenden hier oft einem Traumurlaub ähneln – ich habe ein ganz normales Arbeitsleben als Psychologin für Kinder und Jugendliche.

Ich bin vor sechs Jahren das erste Mal für ein sechswöchiges Praktikum hierhergekommen. Damals lernte ich das Leben hier zu schätzen und verliebte mich in einen Franzosen. Aber nach dem Praktikum musste ich erst einmal zurück nach Deutschland, um mein Studium abzuschließen – ich habe Psychologie und Englisch auf Lehramt in München studiert.

Wir führten eine Fernbeziehung, trafen uns mehrmals in Europa und einmal auf Mauritius. Dann schlug mir mein Freund vor, dort gemeinsam ein Bed & Breakfast zu leiten. Ich wollte nach dem Uni-Abschluss eigentlich ein Jahr nach Südamerika, um dort bei einem sozialen Projekt mitzuarbeiten, aber meine Gefühle waren stärker und auch der Wunsch, mich auf das Abenteuer Mauritius einzulassen.

Während des Studiums hatte ich ein paar Jahre in einem Café

gejobbt, Erfahrung in der Hotelbranche hatte ich nicht. Am Anfang habe ich noch fast alles selbst gemacht: die Gäste empfangen, eingekauft, Frühstück vorbereitet, Wäsche gewaschen. Mein Freund hatte noch ein anderes Unternehmen und überließ die Organisation im Hotel mir. So hatte ich viel Verantwortung und freie Hand in meinen Entscheidungen. Um das Marketing und das Finanzielle kümmerte er sich.

Im ersten Jahr habe ich ziemlich viel gearbeitet und hatte wenig Zeit darüber nachzudenken, ob es die richtige Entscheidung war, nach Mauritius zu ziehen. Uns war aber von Anfang an klar, dass das Hotel nur eine Zwischenlösung bleiben sollte – schließlich wollte ich als Psychologin arbeiten. Also haben wir nach und nach neue Mitarbeiter im Hotel angelernt. Leider war es gar nicht so einfach, zuverlässige Leute zu finden. Einige Male ist es mir passiert, dass ich fünf Bewerber zum Vorstellungsgespräch eingeladen hatte, von denen dann nur zwei erschienen sind und einer zu spät kam.

Nachts über Rot

Bis im Guest House alles lief und eingerichtet war, wie wir es uns vorgestellt hatten, dauerte es ungefähr zwei Jahre. Dann konnte ich mich mehr und mehr zurückziehen und stattdessen ehrenamtlich Kinder aus sozial benachteiligten Familien betreuen.

Bei der Arbeit lernte ich eine junge mauretanische Psychologin kennen, die wie ich davon träumte, ein psychologisches Zentrum für Kinder und Jugendliche aufzubauen. Auf Mauritius gab es so etwas bis dahin noch nicht: ein Zentrum mit verschiedenen Fachbereichen wie Psychologie, Logopädie, Ergotherapie und Psychomotorik.

Obwohl wir uns noch nicht lange kannten, beschlossen wir, uns zusammenzutun. Wir wollten nicht nur psychologische Gutachten schreiben, sondern die Patienten auch vor Ort behandeln, in Einzel- und Gruppensitzungen, an einem Ort, an dem sie sich wohlfühlen. Also suchten wir eine passende Wohnung und überlegten genau, welche Möbel, welche Wandfarben, welche Stühle und Teppiche wir haben wollten. Durch das Bed & Breakfast hatte ich gelernt zu organisieren, anzupacken und einfach loszulegen. Eine bessere Lehre hätte ich nicht haben können.

Wir stellten uns an Schulen vor, machten Werbung in Facebook-Gruppen, über die hier auf Mauritius viel organisiert wird, und eröffneten unser Zentrum »Up Together«. Seither kriegen wir ständig neue Anfragen und werden weiterempfohlen.

Mit meinem französischen Freund bin ich inzwischen nicht mehr zusammen. Die Leitung des Hotels haben wir einem französischen Paar überlassen.

Für Mauritier ist die Familie sehr wichtig, und sie verbringen viel Zeit mit ihren Angehörigen. Manchmal fragen mich meine Freunde deshalb, ob ich Heimweh habe. Aber mir fehlt Deutschland eigentlich wenig, weil mir meine Arbeit Spaß macht und ich das Gefühl habe, damit etwas verändern zu können. Natürlich vermisse ich meine Familie und meine Freunde, und mir fehlen auch die Gemüse- und Obstauswahl in deutschen Supermärkten und die Drogerien. Viele Produkte oder Marken gibt es hier nämlich nicht oder sie sind sehr teuer – daher bitte ich alle, die mich besuchen kommen, mir etwas mitzubringen, zum Beispiel Laufschuhe oder Schokolade.

Ich musste mich an einiges auf der Insel gewöhnen: Es gibt beispielsweise keinen Busfahrplan, und die Leute fahren ziemlich chaotisch Auto. Eine Freundin fährt nachts sogar über rote Ampeln, weil sie Angst hat, überfallen zu werden, wenn sie stehen bleibt.

Man hört häufig von Diebstählen oder sogar Überfällen. In meinem vorherigen Zuhause wurde schon zweimal eingebrochen, deshalb bin ich allgemein etwas wachsamer geworden: Ich würde nicht alleine wandern oder in Zuckerrohrfeldern joggen oder abends allein an den Strand gehen. Und mit offenem Fenster schlafe ich nur, wenn davor Gitter angebracht sind.

In Deutschland war ich häufig mit Freunden in Theatervorstellungen oder in Konzerten, bin überall mit der U-Bahn oder dem Fahrrad hingefahren. Wer von Mauritius wegwill, muss fliegen. Die nächste Insel, La Réunion, ist mehr als 200 Kilometer entfernt.

Es gibt zwar ein paar Kinos und Museen, aber kein Theater. Freizeit heißt für mich hier an den Strand gehen, tauchen, wandern oder Trailrunning, schnorcheln, mit dem Boot rausfahren und mittlerweile auch mit Freunden essen gehen. Anfangs war es nicht so leicht, Kontakte zu knüpfen und sich einen Freundeskreis aufzubauen, da viele Expats kommen und gehen und Mauritier tendenziell eher unter sich bleiben.

Menschen, die nach Mauritius auswandern wollen, sollten Englisch oder noch besser Französisch sprechen und ihre Erwartungen oder Gewohnheiten ablegen: Alles ist entspannter, und die Dinge laufen langsamer, unkoordinierter und weniger nach Plan. Dafür sind die Menschen extrem freundlich, sie lächeln sehr viel und sind hilfsbereit.

Seit ich hier bin, habe ich gelernt, mich einfach auf Dinge einzulassen und Gelegenheiten zu ergreifen, wenn sie kommen. Ich bin spontaner und lockerer geworden, vertraue auf mein Gefühl und meine Intuition. Die Erfahrungen, die ich hier mache, prägen mich. Doch bald wird mein Abenteuer Mauritius zu Ende sein. Ich habe mich dazu entschlossen, ein neues Kapitel anzufangen und noch mal an die Universität zu gehen. In London will ich einen Doktortitel machen. Zum Glück werde ich dort nicht alleine sein – mein neuer Partner, ein Mauritier, hat dort einen Job gefunden.

»Ich fühle mich wie ein Auserwählter«

Seit fünf Jahren lebt Marcus Richter auf Hawaii. Der Abschied von Jena war dem 30-Jährigen schwergefallen, der Anfang in der neuen Heimat ein Desaster. Doch dann fand der Biologe seinen Traumjob.

Honolulu auf Oahu, der Hauptinsel von Hawaii, ist eine Stadt aus Beton, die konzeptionslos in die Landschaft geklatscht worden ist. Als ich dorthin auswanderte, lebte ich die ersten Monate in einer Kellerwohnung, die keine Klimaanlage hatte. Es war heiß und schwül, und ich war ziemlich unglücklich. Ich war meiner Frau gefolgt, die eine Zusage bekommen hatte, in Honolulu ihre Doktorarbeit zu schreiben.

Wir hatten beide Biologie in Jena studiert, und ich fühlte mich in der Unistadt auch total wohl. Ich bin nicht so der Mensch, der Veränderungen braucht. In Jena hatte ich meine Freunde, meine Floorball- und meine Hockeymannschaft, ich wollte nicht weg. Aber eine Fernbeziehung zu meiner Frau hätte ich auch nicht ausgehalten. Sie war schon ein halbes Jahr vor mir nach Hawaii gezogen, und ich flog schließlich mit vielen Koffern, meiner Hockeyausrüstung und unseren zwei Katzen, Taiga und Kira, nach. Zum Glück kam meine Mutter mit, die mir mit dem Gepäck half. Wir waren fünf Tage unterwegs, weil wir wegen der Katzen einen Zwischenstopp an der US-Ostküste und einen an der US-Westküste machen mussten. Die ersten zwei Wochen auf Hawaii haben wir alle zusammen Urlaub gemacht, wir erkundeten die

Insel, besuchten das Pearl-Harbour-Museum. Doch als ich begann, mich um mein Leben vor Ort zu kümmern, holte mich der Alltag schnell ein. Meine erste Herausforderung: Ich musste mir eine Arbeit suchen.

Das Fahrradfahren war meine Rettung

Dank des besonderen Visums meiner Frau konnte ich eine Arbeitserlaubnis beantragen, doch wenn ihre Stelle an der Uni nicht verlängert wird, darf ich auch nicht mehr in den USA arbeiten. Ich bin also von ihr abhängig. Am Anfang machte ich ein Praktikum in dem Institut, in dem sie auch arbeitete, und erhielt später sogar eine halbe Stelle. Dennoch ging es mir nicht gut, ich fühlte mich sehr einsam, mir fehlte der Mannschaftssport, und irgendwie kam ich mit den Leuten nicht in Kontakt.

Das Fahrradfahren war schließlich meine Rettung – obwohl es zunächst nicht danach aussah: Auf einer meiner Touren schnitt mich ein Laster, wir stießen zusammen, und ich erlitt eine Schultereckgelenksprengung. Zum Glück bin ich über meine Frau krankenversichert. Nach dem Unfall musste ich zwei Monate auf dem Sofa verbringen, in dieser Zeit nahm ich Kontakt zu einer Gesellschaft auf, die sich für die Rechte von Fahrradfahrern einsetzt und Kindern beibringt, sicher Rad zu fahren.

Endlich hatte ich Anschluss gefunden. Ich half ehrenamtlich mit und organisierte zum Beispiel ein 100-Meilen-Rennen auf der Insel. Als ich dabei einen halbseitig gelähmten Hawaiianer namens Kimo unterstützte, der in einem speziellen Rad an dem Rennen teilnahm, hatte ich meinen ersten richtigen Glücksmoment auf Hawaii. Er hat sich so gefreut mitzufahren, zusammen haben wir das geschafft. Das hat mich sehr bewegt.

Einige Monate später, als meine Frau mit den Seminaren an der Uni fertig war und für ihre Doktorarbeit forschen musste, zogen wir nach Maui, also auf eine andere Insel Hawaiis. Es ist generell sehr schwer hier, eine Wohnung zu finden, die man sich leisten kann. Die Mietpreise sind enorm, über Craigs List, ein Kleinanzeigenportal, fanden wir ein kleines Haus an einem Berghang in 1000 Metern Höhe. Wenn wir jetzt aus dem Fenster schauen, sehen wir den Pazifik. Im Sommer ist es hier oben deutlich angenehmer, und auch jetzt im Winter haben wir tagsüber zwischen 15 und 18 Grad.

Wir zahlen für unsere 60 Quadratmeter 2000 Dollar, das ist zwar teuer, aber zumindest können wir es uns leisten. Nur Sparen ist schwierig, weil hier alles viel Geld kostet: Für eineinhalb Liter Milch zahlen wir fünf Dollar, ein Apfel kostet 1,30 Dollar und ein halbes genießbares Brot 7,50 Dollar. Essen gehen können wir uns nicht leisten, für ein Fast-Food-Menü zahlt man hier so viel wie anderswo für ein Gericht im Restaurant.

Zum Glück habe ich inzwischen meinen absoluten Traumjob gefunden. Ich arbeite für die Mauna Kahalawai (West Maui Mountains) Watershed Partnership, das ist eine Organisation, die sich für die Erhaltung der Wälder auf West Maui einsetzt. Wir sorgen dafür, dass eingeschleppte Pflanzenarten die hawaiianischen Pflanzen nicht verdrängen, dass Nutztiere wie Schweine, Ziegen und Rinder nicht in die Wälder eindringen, und wir machen Öffentlichkeitsarbeit, sodass die Bevölkerung ein Bewusstsein für die Natur bekommt. Wir sind eine bunte Truppe, nur die Hälfte meiner Kolleginnen und Kollegen stammt aus Hawaii.

Am schönsten finde ich dieses Gemeinschaftsgefühl, wir kämpfen alle für eine gute Sache. Wir arbeiten vier Tage die Woche, zehn Stunden am Tag. Oft fliegen wir mit dem Hubschrauber auf entlegene Berggipfel, um dort in den Wäldern zu arbeiten. Hier kommen keine Touristen hin und meist nicht einmal Hawaiianer. Ich fühle mich sehr einzigartig, wie ein Auserwählter, der das Privileg hat, hier hoch zu dürfen.

Allerdings verändert sich Hawaii auch stark. Viele Einwohner können sich die hohen Mieten nicht mehr leisten und müssen

aufs Festland ziehen. Es gibt hier bereits Unabhängigkeitsgedan-
ken, einige Hawaiianer wollen sich von den USA lösen.

Angela Merkel wird hingegen sehr positiv wahrgenommen, sie
gilt als Repräsentantin der demokratischen freien Welt.

Ich kann mir sehr gut vorstellen, länger hierzubleiben. Die
Menschen sind viel gelassener und positiver als in Deutschland.
Hier teilt man seine positive Energie, hier herrscht tatsächlich dieser Aloha-Gedanke vor, also dass man anderen freundlich gesinnt
ist, sie unterstützt, ihnen Mitgefühl entgegenbringt. All das ist
inzwischen schon voll auf mich übergeschwappt.

»Ich wünsche meinem Mann, dass er eine jüngere Frau findet«

Acht Monate wollte Karin Haß in Sibirien bleiben. Dann verliebte sich die heute 77-Jährige in einen Pelztierjäger vom Volk der Ewenken, und sie blieb. Die beiden leben ein Leben voller Entbehrungen – was macht das mit ihr und ihrer Ehe?

Die Reise aus Deutschland in unser Dorf dauert im günstigsten Fall fünf Tage. Los geht es mit dem Flugzeug über Moskau nach Krasnoyarsk und dann weiter mit der Transsibirischen Eisenbahn oder mit einem Zug auf der Baikal-Amur-Magistrale. Die letzten 300 Kilometer schafft man nur mit dem Motorboot, denn der Fluss ist in der eisfreien Zeit der einzige Weg nach Srednjaja Oljokma. Im Winter, wenn das Eis auf dem Fluss stabil genug ist, kann man mit einem Jeep oder Lkw darauf fahren. Von Oktober bis Mitte Dezember und von April bis Mitte Mai ist das Dorf von der übrigen Welt abgeschnitten, weil der Fluss nicht befahrbar ist, wenn er zufriert oder taut.

Meine russischen Mitreisenden im Zug vermuten meist, ich sei auf einer Urlaubsreise. Wenn sie dann erfahren, dass ich mitten in der Taiga mit einem Pelztierjäger vom Volk der Ewenken lebe, reichen die Reaktionen von Ver- und Bewunderung bis zu Fassungslosigkeit und Bestürzung. Es ist kaum denkbar, dass eine Russin das Leben in der Stadt mit dem in der Einöde an der Seite eines

»Eingeborenen« tauschen wollte. Die meisten russischen Städter halten das Dasein in der Taiga für exotisch und gefährlich, zumindest aber für extrem primitiv, schwierig und auf keinen Fall für wünschenswert. »Wieso bleibst du nicht in Deutschland?«, werde ich deshalb oft gefragt. Da sei es doch so schön sauber.

Das finde ich auch. Aber nichts ist so sauber und schön wie die unberührte Taiga. Nirgendwo ist der Himmel so weit und blau, die Luft so rein und weich, sind die Wälder so unendlich, die Flüsse so klar, die Menschen so unverfälscht.

Meine erste Reise nach Sibirien hatte mit einem Blick in den Atlas begonnen. Vor der Perestroika gab es für Ausländer keine Möglichkeit, sich wochenlang fern von Touristenrouten in Russland zu bewegen. Dann öffnete sich das Tor zu meinen Träumen. Dieses ferne, weite Land mit seinen endlosen Wäldern, Bergen, zahlreichen Seen und Flüssen, mit Gebieten, die noch kein Mensch betreten hatte – ich fühlte mich wie von einem starken Zauber angezogen. Und so suchte ich nach einem Fluss durch die Taiga, den ich mit meinem Paddelboot befahren könnte. Nach langer und schwieriger Recherche fiel meine Wahl auf den Fluss Tschunja.

Ich halte Wildnistouren weder für problematisch, sofern man sich gut darauf vorbereitet und unterwegs nicht leichtsinnig ist, noch für körperlich besonders anspruchsvoll, wenn man bei guter Gesundheit und ausreichend fit ist. Es bedarf weder großer Körperkräfte noch außergewöhnlichen Mutes. Gerade Männer vermitteln aber oft ein ganz anderes, vielfach prahlerisches Bild von solchen Touren. Deshalb war für mich klar: Ich mache das zusammen mit anderen Frauen. Aber meine Suche nach Paddelpartnerinnen begann mit einem für mich höchst überraschenden Erlebnis: Ich wurde nämlich ausgelacht – und das in Hamburg im Jahre 1997. Ein Wildwasserkanute hatte an der Uni einen Diavortrag über seine spektakuläre Befahrung des Flusses Sambesi in Afrika gehalten. Im Publikum saßen viele Paddler. Hier würde ich Interessierte finden, dachte ich und startete nach dem Vortrag einen Aufruf, der aber nur zu allgemeinem Gelächter führte. Ausgerechnet die Frauen lachten besonders laut.

Ich ließ mich nicht entmutigen. Über Anzeigen in Kanuzeitschriften fand ich vier Mitstreiterinnen, mit denen ich im Juli 1998 lospaddelte. Wir wurden von morgens bis abends von Mücken zerstochen und hatten mehrere Meinungsverschiedenheiten, aber die Schönheit des Flusses und seiner Umgebung versetzte mich in eine geradezu meditative Stimmung und war der Beginn meiner Liebe zu Sibirien.

Fünf Jahre später kam ich allein zurück. Meine Firma in Hamburg wollte Arbeitsplätze abbauen, und ich nahm das Angebot an, in den Vorruhestand zu gehen. Für ein Dreivierteljahr wollte ich in Sibirien ein Leben ohne zivilisatorische Bequemlichkeiten führen, ohne fließendes Wasser, ohne Supermarkt, ohne Internet, dafür mitten in der Natur. Russisch hatte ich in der Schule gelernt.

Die Bewohner von Srednjaja Oljokma nahmen mich herzlich auf, borgten mir Bett, Tisch und Stuhl für eine leerstehende Blockhütte. Ich hatte ja nur das Nötigste dabei.

Die Herzlichkeit endete allerdings, als ich mit Slawa zusammenkam. Schon bei unserem zweiten Treffen hatte er mir eine Liebeserklärung gemacht. Ich fand das absurd, wir kannten uns ja kaum. Aber er ließ nicht locker, und auf einmal war da tatsächlich dieser Funke, der in all den Jahren nicht erloschen ist.

Von der Vegetarierin zur Fleischesserin und von der Feministin zur Hausfrau

Ich kann verstehen, dass die Dorfbewohner zunächst skeptisch waren. Slawa ist 24 Jahre jünger als ich, und wir kommen aus verschiedenen Welten. Sofern es die Arbeit zulässt, liebe ich es zu filmen, zu lesen, zu schreiben oder mit Hanteln zu trainieren. Slawa sitzt nach seiner harten, körperlichen Arbeit abends lieber vor dem Fernseher und lässt sich berieseln. Trotzdem ist da diese Anziehung zwischen uns – aber nicht nur das, sondern auch Wertschätzung für die Fähigkeiten des anderen. Ich bewundere an ihm seine Zähigkeit und Kraft, seine natürliche Intelligenz, die Vielseitigkeit und die Kenntnisse, die es ihm ermöglichen, autark in der Wildnis zu bestehen. Und ich liebe seine Fröhlichkeit und seinen Charme.

Slawa und ich sind jetzt seit 14 Jahren verheiratet. Er hat für mich das Trinken aufgegeben. Ich bin für ihn von der Vegetarierin zur Fleischesserin und von der Feministin zur Hausfrau geworden. Früher lehnte ich es konsequent ab, wenn mir ein Mann beim Tragen meines Faltboots helfen wollte. Aber in Sibirien ergibt die Trennung in Männer- und Frauenarbeiten Sinn. Warum soll ich mühsam lernen, wie man einen Elch fachgerecht zerteilt oder das Schneemobil repariert, wenn mein Mann das doch viel besser kann? Für mich gibt es genug zu tun. Allein das Waschen der Wäsche dauert drei bis vier Stunden. Genau wie alle anderen Dorfbewohner arbeiten wir beide von morgens bis abends, um genug zu essen und ein warmes Heim zu haben. Geld allein nützt in der Taiga nicht viel, denn kaufen kann man Essen und Dienstleistungen kaum. Wer Gemüse essen will, muss es anbauen. Wer Fleisch essen will, muss ein Tier töten.

Unter Erholung verstehen die meisten deshalb hier vor allem schlafen, fernsehen, Alkohol trinken und miteinander herumsitzen bei oberflächlichem Geplapper. Weil ich damit wenig anfangen kann, habe ich in all den Jahren keine richtigen Freunde im Dorf gefunden. Glücklicherweise gibt es Gleichgesinnte in Slawas Freundeskreis in der nächsten Stadt. Und bis vor Kurzem haben wir im Sommer auch Touren für Gäste aus Deutschland angeboten. Das war immer eine schöne Abwechslung für mich, auch wenn es zusätzliche Arbeit bedeutet hat.

Ich bin immer wieder überrascht, mit wie wenig die Menschen in der Taiga auskommen. Ein paar Holzstangen, eine alte Plane und ein Haufen Lärchenzweige – fertig ist der Schlafplatz im Wald. Als arm würden sich die Menschen nie beschreiben. Ich habe in all den Jahren auch nicht erlebt, dass jemand neidisch wäre auf die Sachen, die ich aus Deutschland mitbringe, und werde auch nie um Mitbringsel gebeten.

Drei Wintermonate im Jahr lebe ich üblicherweise in Hamburg, meinen Wohnsitz dort habe ich nie aufgegeben. Slawa hat mich hier auch schon besucht und war vor allem von den dicken Gänsen an der Alster fasziniert. Aber ein Leben in der Stadt wäre nichts für ihn. Womit sollte er auch seine Tage verbringen? Ich kann mich leichter an sein Leben anpassen als er sich an meines – zumindest im Moment noch.

77 Jahre bin ich jetzt alt, wer weiß, wie lange ich noch fit bin. Und ich habe schon erlebt, wie es sich anfühlt, in der Taiga krank zu sein – ohne ärztliche Betreuung, ohne Dusche und Toilette im Haus, mit einem hilfsbereiten, liebenden Mann, dem trotz aller guten Vorsätze alles über den Kopf wächst. Ich wünsche Slawa deshalb, dass er eine jüngere Frau findet. Das Ende unserer Ehe würde mir wehtun, aber gerade weil ich ihn liebe, wünsche ich ihm das Beste – und das wäre jemand, der mit ihm sein Leben teilt. Ich fürchte aber, er sucht gar nicht.

Die Corona-Krise hat uns getrennt. Eigentlich hätte ich im März 2020 von meinem jährlichen Deutschlandbesuch zurückkehren wollen, nun sitze ich noch immer in Hamburg. Ich mag mir kaum vorstellen, wie der Garten jetzt aussieht. Über Satellitentelefon telefoniere ich mehrmals pro Woche mit Slawa und hoffe, dass ich es bald zu ihm zurück ins Dorf schaffe.

Gut zu wissen

In Sibirien wird es im Sommer bis zu 35 Grad heiß und im Winter bis zu minus 55 Grad kalt, an einigen Orten werden sogar Temperaturen von bis zu minus 70 Grad erreicht. Schüler bekommen ab minus 54 Grad kältefrei. Der Boden taut im Sommer je nach Lage bis in eine Tiefe von maximal zwei Metern auf, darunter herrscht Permafrost. Zugefrorene Flüsse werden im Winter als Autostraßen genutzt und sind auch mit Verkehrsschildern gekennzeichnet.

Für die Urlaubsliebe alles hinschmeißen?

Können Sie sich eine Auszeit einrichten?
Als Veronika La Fortune (Seite 32), die damals noch Danzer hieß, sich im Urlaub in ihren zukünftigen Mann verliebte, hatte sie schon in Regensburg, Speyer, Köln und in den USA gelebt, fünf Jahre lang war sie mit einer Pferderevue unterwegs gewesen, hatte als Maskenbildnerin und in einem Verlag für Pferdefotografie gearbeitet. »Ich war überall zu Hause und nirgendwo«, sagt sie. »Ich hatte Lust auf einen Neustart.«

Genau wie Annette Horschmann (Seite 23), Carina Wenzel (Seite 18) und Karin Haß (Seite 58) war sie ungebunden – und hätte im Zweifelsfall wieder an ihr altes Leben in Deutschland anknüpfen können. Annette Horschmann gab ihr Auto in die Obhut ihres Bruders, stellte ihre Möbel bei den Eltern unter. Karin Haß war es sogar wichtig, einen Wohnsitz in der Heimat zu behalten. Sie mietete ein günstiges WG-Zimmer, um jederzeit zurückkehren zu können. »Wenn es nicht passt, dann fliege ich wieder zurück«, sagte sich auch Carina Wenzel.

Hätten Sie auch die Möglichkeit ihre Entscheidung »rückgängig zu machen«?

Können Sie improvisieren?
Wer in der Karibik oder Lateinamerika deutsche Pünktlichkeit und Zuverlässigkeit erwartet, wird nicht weit kommen. »Wir können beide wunderbar improvisieren, und das ist hier das Wichtigste«, sagt Veronika La Fortune über sich und ihren Mann Lennon. Sie arbeiten mit dem, was sie gerade kriegen können – im wortwörtli-

chen Sinn: Wenn es keine Holzbalken gibt, wird eben mit Bambus gebaut; ein Container wird zur Küche umfunktioniert, und wenn der Handwerker erst morgen kommt, wird eben erst was anderes erledigt.

Auch Clemens Fehr (Seite 45) wundert sich nicht mehr darüber, dass in Uganda manche Menschen nicht zur Arbeit erscheinen, weil es regnet oder ein Nachbar gestorben ist. »Man kann versuchen, darüber zu verhandeln, aber viel Spielraum hat man nicht.«

Diese Erfahrung hat auch Antonia Schwoche (Seite 41) in Peru gemacht: »Die Leute kommen bei Verabredungen zu spät oder tauchen gar nicht auf. Das kostet viel Zeit. Und auch sonst lassen sich die Menschen hier mehr Zeit für alles.«

Können Sie sich darauf einstellen, dass die Uhren im Ausland anders gehen?

Wie anpassungsfähig sind Sie?
Eine traditionelle Frauenrolle einzunehmen und einem Mann den Haushalt zu machen, hatte sich Karin Haß (Seite 58) nie vorstellen können. Für ihren Mann Slawa ließ sie sich dennoch darauf ein – denn anders hätte das Zusammenleben in Sibirien nicht funktioniert. »Man muss auch realistisch sein: Für manche Arbeiten braucht man so viel Kraft, dass nur ein Mann sie schaffen kann«, sagt sie. »Es wäre Zeitverschwendung, sich als Frau damit abzumühen, wenn man am Ende doch einen Mann zu Hilfe rufen muss.« Auch beim Thema Ernährung machte Karin Haß Abstriche – und fing an, wieder Fleisch zu essen. »In der Taiga gibt es nun mal keinen Tofu zu kaufen.«

Auch Veronika La Fortune sagt, dass ihr die Abhängigkeit von ihrem Mann am Anfang zu schaffen machte: »Ich bin jemand, der gern alles selbst macht, und es fiel mir nicht leicht einzusehen, dass ich an einigen Stellen allein einfach nicht weiterkomme.«

Wären Sie bereit, Ihre Einstellungen und Gewohnheiten angesichts neuer Lebensumstände zu überdenken und gegebenenfalls zu ändern?

Sind Ihnen Taten wichtiger als Worte?
Zeit für nachdenkliche, tiefe Gespräche zu haben ist im Alltag nicht selbstverständlich. Dazu kommt eventuell eine Sprachbarriere. Karin Haß musste feststellen, dass ihr Mann Slawa nach einem Tag harter Arbeit lieber vor dem Fernseher sitzt, als mit ihr über das Leben zu philosophieren. Sie fühlt sich dennoch von ihm geliebt – weil er ihr seine Liebe durch Taten zeigt, wie sie sagt. »Ich muss ihn nie zweimal um etwas bitten.«
Würde Ihnen das auch reichen?

Haben Sie eine Idee, was Sie beruflich machen könnten?
»Ich rate jedem, seinem Herzen zu folgen, aber sich auch zu fragen, ob er auf der anderen Seite der Erde wirklich arbeiten könnte«, sagt Carina Wenzel (Seite 18), die für ihren Freund auf die Cookinseln auswanderte – und dafür ihren Job als Schreinerin aufgab. Sie arbeitet jetzt in seiner Tauchbasis mit.

Uli Mans (Seite 36) ist seiner Frau schon dreimal hinterhergezogen – und hat es jedes Mal geschafft, eine Anstellung zu finden. »Durch die vielen Umzüge habe ich viel ausprobieren können«, sagt er. Allerdings habe er auch mehrmals »erst einmal als Freiwilliger ein paar Monate unbezahlt irgendwo angefangen«.

Ein eigenes Unternehmen zu gründen kann im Ausland einfacher sein, als eine Festanstellung zu finden. Annette Horschmann (Seite 23) startete in Sumatra ein vegetarisches Restaurant. »Das würde wohl in den meisten Ländern funktionieren«, sagt sie. »Und selbstgebackenes Brot zu verkaufen liegt als Deutsche ja auch nahe.«

Aber so manche Geschäftsidee, die man sich von Deutschland aus überlegt, scheitert vor Ort doch an den Gegebenheiten. In Uganda dürfen Ausländer zum Beispiel kein Land kaufen, in

Thailand gibt es strenge Vorschriften für ausländische Firmengründer.

Spielen Sie verschiedene Ideen durch und checken Sie, wie realistisch die Umsetzung wäre.

Machen Sie den Praxistest!

»Die ersten sechs Monate sieht man sowieso alles durch die rosarote Brille«, sagt Annette Horschmann. »Ob man wirklich zusammenpasst, zeigt sich erst im Alltag.« Das können Veronika La Fortune und Lutz Rahe bestätigen.

Als Danzer zurück in die Karibik flog, um ein neues Leben zu beginnen, lebte Lennon auf Trinidad, der Nachbarinsel von Tobago, zusammen mit seiner Großfamilie, zu neunt in einem kleinen Haus. Sie wurde herzlich empfangen, bekam sogar ein eigenes Zimmer freigeräumt, aber »Port-of-Spain ist eine Großstadt, in der man als Weiße nicht unbedingt allein unterwegs sein möchte«. Die ersten vier Wochen sei sie deshalb kaum vor die Tür gegangen. Schnell wurde beiden klar: So würde ein gemeinsames Leben nicht funktionieren. Aber sie fanden gemeinsam eine Lösung – und zogen in ein Haus in einem Fischerdorf auf Tobago. Dort sind sie jetzt seit fast 15 Jahren glücklich.

Lutz Rahe (Seite 26) und seine Freundin aus Singapur gingen die Sache pragmatisch an: Nachdem sie sich vorher gegenseitig in der jeweiligen Heimat besucht hatten, lautete ihre Devise: »Wer zuerst einen Job findet, zieht um.« Denn Kurzurlaube mögen zwar einen Einblick geben, wie das Leben in der Ferne sein könnte, aber den Praxistest können sie nicht ersetzen. Alltag lässt sich nicht simulieren. Und das bringt uns wieder zur Ausgangsfrage: Können Sie sich eine Auszeit einrichten?

»Das Ausbrechen aus Routinen ist trainierbar«

Viele Menschen träumen von einem Leben in der Ferne, aber nur wenige packen auch wirklich ihre Koffer und wandern aus. Sind sie besonders mutig – oder besonders leichtsinnig? Psychologin Nathalie Krahé sagt: Weder noch, sie haben einfach andere Komfortzonen. Aber diese kann jeder Mensch selbst definieren.

Frau Krahé, die meisten Menschen haben wahrscheinlich schon mal im Urlaub geflirtet – aber nur die wenigsten packen danach ihre Sachen und wandern aus. Ist das eine Frage des Persönlichkeitstyps?
Persönlichkeitsmerkmale spielen sicherlich eine Rolle. Man muss schon abenteuerlustig und wagemutig sein für so einen Schritt. Wer ein großes Sicherheitsbedürfnis hat, wird vielleicht vorher überlegen, was ein Umzug ins Ausland später für die Rente bedeutet – und bleibt dann lieber zu Hause. Aber es spielen noch viele andere Faktoren mit hinein: Wie ungebunden bin ich gerade? Möchte ich ohnehin mein Leben verändern? Und natürlich auch: Wie sicher bin ich, dass er oder sie meine große Liebe ist?

Sicher sein kann man sich ja nur, wenn man es ausprobiert. Aber wie bringt man dafür den Mut auf?
Menschen haben unterschiedliche Komfortzonen. Man muss sich das vorstellen wie bei einer Zwiebel: Innen, in der Kernzone, fühlt

man sich wohl, das Leben verläuft in sicheren Bahnen, ist aber auch ein bisschen langweilig. Drum herum liegt die Zone des Lernens und der Herausforderung, dort fühlt man sich gefordert, aber nicht überfordert. Und ganz außen ist die Panikzone. Welche Ereignisse nun in welche Zone fallen, ist von Mensch zu Mensch unterschiedlich. Eine Reise in ein Land, dessen Sprache man nicht spricht, liegt bei dem einen noch in der Wohlfühl-, beim anderen schon in der Panikzone.

Der Liebe wegen in ein fremdes Land zu ziehen erscheint manchen Menschen also gar nicht als besonders mutiger Schritt?
Ja, manche sind echte Lebenskünstler, sie wissen, dass sie überall klarkommen werden. Jemand, der sehr selbstsicher ist, keine Wagnisse scheut und sich nichts aus Besitz macht, wird so eine Entscheidung sehr viel leichter treffen als jemand, der eher der Typ ist, der im Konjunktiv denkt: »Ach, hätte ich doch nur. Ich könnte ja mal …«

Kann man sich dieses Denken abtrainieren?
Ja, das ist die gute Nachricht: Wir können uns ändern, und zwar bis ins hohe Alter. Aber man muss mit kleinen Trainingseinheiten anfangen, wie bei der Vorbereitung auf einen Halbmarathon. Da würde man ja auch nicht gleich losrennen, sondern sich erstmal Laufschuhe besorgen und dann langsam die Distanzen steigern. Zunächst muss man sich darüber klarwerden, wo man steht und was man dauerhaft verändern möchte. Dann kann man sich kleine Aufgaben stellen und auf sein Ziel hinarbeiten.

Wie könnte das konkret aussehen?
Wer spontaner oder mutiger werden möchte, könnte sich zum Beispiel vornehmen, einen neuen Stadtteil zu entdecken; irgendwohin zu fahren, wo er oder sie noch nie war, und dann einfach mal dort essen zu gehen. Oder ohne auf den Spielplan zu schauen

zum Theater oder zur Oper zu fahren und sich in die nächste Vorstellung reinzusetzen. Oder unangemeldet mit einem Kuchen bei einer Freundin vorbeizuschauen. Im schlimmsten Fall wird man abgewiesen, aber vielleicht wird es auch ein wunderschöner Abend oder Nachmittag. Entscheidend ist, dass man etwas für sich selbst Ungewöhnliches wagt.

Man trainiert also das Verlassen der Komfortzone?
So kann man es nennen, ja. Das Ausbrechen aus Routinen ist trainierbar. Wir Menschen sind zu vielem in der Lage und schaffen oft viel mehr, als wir uns selbst zutrauen. Und verliebt zu sein setzt ohnehin ungeahnte Kräfte frei.

Aber wie verhindere ich, dass nach der Verliebtheit der große Realitätsschock kommt?
Ob aus dem Urlaubsflirt eine Partnerschaft auf Augenhöhe und aus der Verliebtheit Liebe wird, hängt von vielen Faktoren ab. Wichtig ist sicherlich, sich erst mal darüber klar zu werden, dass man im Urlaub ein anderer Mensch ist als zu Hause. Andere Persönlichkeitsmerkmale treten plötzlich in den Vordergrund, man ist vielleicht aufgeschlossener, legt nicht so viel Wert auf einen strukturierten Tagesablauf. Zurück im Alltag übernehmen in der inneren Kommandozentrale dann wieder andere Anteile das Steuer. Und dieses Alltags-Ich muss überprüfen: Wie viel Sehnsucht nach dem oder der anderen ist noch da?

Also sollte man zu Hause nicht gleich wieder die Koffer packen, sondern erst mal abwarten?
Man sollte nichts überstürzen. Entscheidend ist ja auch, welche Signale der andere sendet. Macht der- oder diejenige auch schon Pläne – oder kommt da eher wenig? Wenn sich beide trotz der Distanz noch immer nacheinander sehen, ist ein weiterer wichtiger Schritt das Teilen des Alltags. Wie ist es, miteinander

Langeweile zu haben? Auch das gehört zu einer Partnerschaft dazu.

Wie viel Zeit sollte man für einen solchen Praxistest einplanen?
Das ist eine individuelle Entscheidung, die auch davon abhängt, wie viel finanziellen Spielraum man hat, um sich zum Beispiel unbezahlten Urlaub zu nehmen.

Man sollte also Job und Wohnung in Deutschland nicht gleich aufgeben?
Ja, das halte ich für ratsam. Wenn das Zusammenleben auf Probe nicht funktioniert, kann man in sein altes Leben zurück. Aber Auswandern geht ja auch in beide Richtungen. Warum also nicht den Partner oder die Partnerin nach Deutschland einladen?

Jemand, der auf einer kleinen tropischen Insel oder in den Anden aufgewachsen ist, erlebt dann wahrscheinlich erst mal einen richtigen Kulturschock. Wie soll da ein Alltagsgefühl aufkommen?
Wenn man zu dem Ergebnis kommt, dass für den Partner oder die Partnerin ein Leben in Deutschland nicht infrage kommt, muss man nicht gleich die Beziehung aufgeben. Wie geht es uns miteinander, fernab der Urlaubssituation? Das gilt es herauszufinden. Wo man dann zusammen lebt, ist die nächste Frage, und da spielen wieder andere Faktoren eine wichtige Rolle, zum Beispiel die jeweilige Kultur, das vorherrschende Männer- und Frauenbild, aber auch die Jobchancen.

Viele Auswanderer erfinden sich ihre Jobs, sie verkaufen selbstgebackenes Brot oder eröffnen Gästehäuser.
Da sind wir wieder bei den Lebenskünstlern. Aber ob einen das Züchten von Schafen oder das Backen von Brot auf Dauer erfüllt, muss jeder für sich beantworten. Wir definieren uns als Mensch ja

nicht nur über eine Partnerschaft, sondern vor allem über unsere Neigungen und Talente. Kann ich diese in dem anderen Land einbringen? Und würde ich dort auch ohne den Partner oder die Partnerin leben wollen? Das halte ich für ganz entscheidende Fragen.

Wenn man nun zu dem Schluss kommt, dass aus der großen Liebe in der Ferne doch nichts wird – wie kann man das am besten verarbeiten?
Partnerschaften können kommen und gehen, das muss man sich klarmachen. Vielleicht ging es einem von Anfang an auch eher um die Träumerei, um das Bauen eines Luftschlosses? Auch daran ist nichts verwerflich. Manche Menschen träumen davon, im Lotto zu gewinnen, malen sich aus, was sie mit dem Geld machen würden – aber sie spielen gar kein Lotto und suchen auch nicht nach anderen Wegen, diese Ziele zu erreichen. Das Gehirn unterscheidet kaum zwischen dem, was ich mir vorstelle und dem, was ich wirklich erlebe. Sich seinen Träumen hinzugeben, kann Spaß machen und eine ganz eigene Qualität entwickeln.

Dem Urlaubsflirt hinterherzuträumen kann also erfüllender sein, als den Praxistest zu starten?
Wenn ich als Typ eher der Luftschloss-Bauer bin, ja. Man muss sich dessen nur bewusst werden. Das ist überhaupt das Wichtigste: Dass man erkennt, wie man tickt und sich selbst Entscheidungen nicht übelnimmt. Egal, ob man sich nun für oder gegen das Auswandern entscheidet: Man sollte sich selbst versprechen, sich für diesen Entschluss später nicht zu tadeln.

Nathalie Krahé (Jahrgang 1971) ist Diplom-Psychologin und arbeitet als Coach in Frankfurt am Main. Sie berät unter anderem bei Fragen zur Persönlichkeitsentwicklung, Stressbewältigung, Resilienz und Konfliktlösung.

Zweiter Teil

Hier ist es schön, hier will ich bleiben

Das besondere Licht, die leuchtenden Farben, die Freundlichkeit der Menschen: Als Sophie Markl in den Senegal zieht, wird ihr schnell klar, dass sie bleiben will. Und das tut sie, denn eine Begegnung auf der Straße verändert ihr Leben für immer. Nach Deutschland will sie nicht zurück, dem schlechten Wetter und den trübseligen Menschen in der U-Bahn trauert sie nicht hinterher.

Markl hat in Afrika ihren Sehnsuchtsort gefunden und ist dort ebenso glücklich wie Michael Schluchtmann in der wilden Natur von Grönland, umgeben von Eisbergen und Polarlichtern. Seit zehn Jahren lebt er in Nuuk und kann sich noch genau daran erinnern, wie ihm bei seiner Ankunft die Nasenhaare einfroren. Inzwischen angelt er riesige Heilbutts, jagt Rentiere und Moschusochsen, und seine Enkel lernen im Kindergarten, Fische auszunehmen. Und: Schluchtmann hat eine zweite Berufung gefunden. Als Weihnachtsmann besucht er Kindergärten und Firmen und sammelt Geld für wohltätige Zwecke.

Markl und Schluchtmann haben sich in ein anderes Land verliebt und sind dortgeblieben, so wie die anderen Protagonisten dieses Kapitels, die von einer spannenden Reise, dem Ankommen und Einfinden und dem Aufbau eines neuen Lebens erzählen. Sie berichten von der Faszination, die sie für ihre neue Heimat empfinden, den Eigenheiten der Gesellschaft und erklären, warum sie Deutschland so gar nicht vermissen.

So wie Maurice Jones, der in Tokio Festivals für elektronische Musik organisiert und verzaubert ist von der japanischen Natur und deren spezieller Magie. Oder Daniel Garofoli, der in Dubai im höchsten Gebäude der Welt wohnt und Luxusimmobilien verkauft. Er sieht die Vereinigten Arabischen Emirate als neues Land der unbegrenzten Möglichkeiten. Alles sei in Bewegung, alles sei XXL, sagt er. Zurück nach Deutschland? Nie im Leben!

Kai Zaunick, Miriam Milord und Sven Ernst leben schon viele Jahre im Ausland. Bei ihnen haben wir nachgehakt: Wie ging es ihnen am Anfang, und wie geht es ihnen heute? Haben sich ihre Wünsche erfüllt? Was hätten sie rückblickend gern anders gemacht?

Miriam Milord zog vor 20 Jahren für ein Kunst- und Designstudium nach New York. Inzwischen kreiert sie Kunstwerke aus Mehl, Eiern, Butter und Zucker. Ihre Torten, die so aussehen wie Jimmy-Choo-Schuhe, Champagnerflaschen oder Amazon-Pakete, verkauft sie an Kunden wie Justin Bieber oder die Rolling Stones. Milord beschäftigt 18 Mitarbeiterinnen und hat während der Corona-Krise ihr Angebot auf Muffins, Kekse und Kuchen in Gläsern ausgeweitet. Vor allem aus der Nachbarschaft gingen Bestellungen ein. Milord liebt diesen Spirit und sagte schon vor vielen Jahren: »Wenn du einmal in New York gelebt hast, kannst du nirgendwo anders leben.«

Auch Kai Zaunick hat sich in ein anderes Land verliebt: Peru. In Lima gründete er vor 16 Jahren eine Manufaktur für Manschettenknöpfe und fertigt nun silberne Knöpfe in Form von Äxten, Käsestücken oder Notenschlüsseln an. Eigentlich habe er nie auswandern wollen, sagt er. Das habe sich einfach so ergeben.

Sven Ernst kann sich nach 15 Jahren in Thailand nicht mehr vorstellen, nach Deutschland zurückzukehren. Ursprünglich hatte er damals nur einen vierwöchigen Aufenthalt geplant. Aber es gefiel ihm so gut, dass er blieb – erst als Student, dann als Gründer.

Fasziniert von Licht und Farben

Als Sophie Markl, 39, in den Senegal zieht, begegnet sie Kindern, die noch nie eine Weiße gesehen haben. Sie muss Schafskopf essen und wird schneller integriert, als ihr lieb ist.

Als ich mit der Schule fertig war, wollte ich unbedingt weg aus Deutschland. Ich fand das Wetter furchtbar und all die Menschen, die in der U-Bahn niemanden anschauten. Meine Eltern sind Künstler, und ich wusste, dass ich das auch werden wollte. Ich entschloss mich also, auf eine Kunstschule in Italien zu gehen und mich zur Mosaiklegerin ausbilden zu lassen.

In Italien lernte ich einige Senegalesen kennen und wollte mehr über ihr Land erfahren. Ich bewarb mich für ein dreimonatiges Entwicklungshilfeprojekt im Senegal. Zuerst lebte ich in einem Vorort von Dakar bei der Familie von Freunden, die ich aus Italien kannte. Der Anfang war sehr hart, weil ich weder die Amtssprache Französisch noch die Umgangssprache Wolof sprach. Beide Sprachen habe ich allerdings nach und nach erlernen können. 17 Jahre ist das nun schon her.

Als ich ankam, rannten die Kinder erst einmal vor mir weg, weil sie noch nie eine Weiße gesehen hatten. Aber ich lächelte sie an, lachte, und sie merkten bald, dass sie sich vor mir nicht fürchten mussten. Die Menschen in den Vororten sind recht arm, wohnen in kleinen Hütten und haben nur stundenweise Strom. Dennoch war ich vom ersten Moment an fasziniert von dem Land, von der

Freundlichkeit der Leute, von dem besonderen Licht und den leuchtenden Farben.

Schnell wurde mir klar, dass ich mehr Zeit in diesem Land verbringen wollte. Nachdem das Entwicklungshilfeprojekt beendet war, ging ich noch einmal für ein paar Monate nach Italien, um zu arbeiten, kehrte dann aber in den Senegal zurück. Für immer.

Mir blieb keine Wahl, denn eines Tages fragte mich eine Frau auf der Straße, ob ich mich um ihre kleine Tochter Adama kümmern könnte. Sie war elf Monate alt und mit 4,3 Kilo völlig unterernährt. Ihre Mutter, die bereits 15 andere Kinder versorgen musste, hatte Drillinge bekommen und konnte sie wegen einer Brustentzündung nicht mehr stillen. Das schwächste Kind war Adama. Sie sagte mir, ich solle das Mädchen nehmen, sonst sterbe es.

Eine befreundete Ärztin riet mir, dem Kind Milchzucker und Öl zu geben, und nach zwei Wochen ging es Adama wesentlich besser. Ich brachte sie zu ihrer Familie zurück. Doch der Vater kam mir mit ihrer Geburtsurkunde entgegen und sagte mir, ich solle Adama behalten oder wegwerfen. Ich war völlig sprachlos, konnte nicht glauben, dass er das Wort wegwerfen benutzt hatte.

Ich war damals Anfang 20 und wollte selbst erst noch die Welt erkunden. Doch natürlich nahm ich das Kind zu mir, ich habe gar nicht darüber nachgedacht. Und plötzlich war ich Mutter – ohne Schwangerschaft. Erst später wurde mir bewusst, dass das eine Lebensentscheidung gewesen war. Ich hatte keine Papiere für Adama, konnte das Land also nicht verlassen. Das erste Jahr unterstützte mich meine Mutter noch finanziell, dann fand ich einen Job in einer Dekorationsfirma, in dem ich so viel verdiente, dass es für Adama und mich reichte.

Als ich einige Monate später zum Gericht ging, um mir Papiere für die Adoption zu besorgen, lernte ich einen Mann kennen. Wir verabredeten uns, wurden ein Paar und bekamen eine Tochter: Pamina. Und obwohl mein Freund beim Gericht arbeitete, schaffte er es nicht, mir dabei zu helfen, Adama zu adoptieren. Das war immer wieder ein Thema bei uns, wir haben viel darüber gestritten. Am Ende ist unsere Beziehung auch daran zerbrochen, bis jetzt ist die Adoption immer noch nicht durch.

Inzwischen ist Adama 16 und Pamina elf Jahre alt. Wir leben zusammen in einem Haus in Dakar, das ich für 350 Euro im Monat miete. Die Mädchen gehen auf eine internationale Schule. Für jede von ihnen zahle ich etwa 300 Euro Schulgeld pro Monat, das ist ziemlich viel, aber ihre Bildung ist mir sehr wichtig.

Meinen Job in der Dekorationsfirma habe ich vor einigen Jahren gekündigt und mich als Mosaiklegerin mit einigen Mitarbeitern selbstständig gemacht. Inzwischen habe ich aber eine 75-Prozent-Stelle am Goethe-Institut in Dakar und auch eine Krankenversicherung.

Ich fühle mich ziemlich sicher hier

Lange Zeit hatte ich die nicht. Zum Glück bin ich noch nie ernsthaft krank gewesen. Die normalen Krankenhäuser haben nicht die Standards, die man aus Deutschland kennt. Zum Beispiel sah ich mal in einer Klinik, wie eine Krankenschwester im OP-Saal einen Fisch aß.

Wenn ich einen Arzt brauchte, rief ich bei SOS Médecins an, einem Notdienst, dessen Ärzte die Patienten für 40 Euro pro Besuch behandeln – Medikamente nicht eingerechnet. Einmal musste ich mir einen Zahn ziehen und einmal eine Füllung machen lassen; das war kein Spaß und auch nicht so hygienisch wie in Deutschland, aber ich habe es überstanden.

Ich fühle mich ziemlich sicher hier. Mir ist noch nie etwas passiert, ich kann zu jeder Tages- und Nachtzeit rausgehen. Außerdem sind die Menschen sehr hilfsbereit. Neulich hatte ich eine Ratte im Haus, ich wollte sie nicht selbst verjagen, also habe ich einen Mann auf der Straße gefragt, ob er das für mich machen könnte. Kurze Zeit später standen zehn fremde Typen bei mir im Wohnzimmer und haben die Ratte verscheucht.

Was mich allerdings extrem nervt, ist das Lügen. Das ist hier alltäglich. Die Leute erzählen einem einfach ganz selbstverständlich irgendeinen Quatsch. Wenn einer meiner Mitarbeiter nicht erscheint und ich nachfrage, wo er bleibt, schwört er mir, dass er gleich da sei – dabei liegt er noch im Bett. Viele Leute kommen auch einfach ständig zu spät, selbst zu wichtigen Terminen.

An Deutschland vermisse ich die Oper und das Theater, aber auch den Schweinebraten meiner Oma. Das Nationalgericht hier ist Reis und Fisch, Okra und Meeresfrüchte sind auch sehr beliebt. Einmal war ich zu einem Silvesteressen eingeladen. Dort wurde Schafskopf serviert. Das Schaf hatten sie schon vor ein paar Monaten geschlachtet und die Beine und den Kopf für Silvester eingefroren. Ich bekam ein Stück Kopf serviert, das habe ich kaum runterbekommen, aber ich konnte es nicht ablehnen, damit hätte ich die Gastgeber beleidigt.

Momentan kann ich mir nicht vorstellen, nach Deutschland zurückzukehren. Das will ich auch nicht, solange die Mädels noch nicht volljährig sind. Ich kann mir auch nicht vorstellen, in einer kleinen Zweizimmer-Wohnung in München oder Berlin zu leben. Ich bin sehr glücklich hier, das wird mir jeden Tag bewusst, wenn ich morgens aufstehe, zum Meer spaziere und dort eine Runde schwimme.

»Meine Enkel lernen im Kindergarten, wie man Fische schlachtet«

Gurken kosten fünf Euro, für Frischfleisch greift er zum Gewehr: Michael Schluchtmann, 50, lebt seit zehn Jahren in Grönland. Hier erzählt er, wie sich gefrorene Nasenhaare anfühlen – und welcher Monat sein liebster ist.

Als ich vor zehn Jahren in Nuuk ankam, hatte ich keine Ahnung, was mich erwartet. Ich erinnere mich noch genau, wie mir sofort bei der Ankunft in Kangerlussuaq die Nasenhaare einfroren – ein sehr eigenartiges Gefühl, das ich inzwischen aber gewohnt bin. Im Winter wird es hier eisig kalt, durch den Windchill-Effekt beträgt die gefühlte Temperatur oft minus 45 Grad Celsius.

Ich hatte mich auf die Stelle in Grönland beworben, ohne jemals dort gewesen zu sein. Da war einfach dieses Gefühl, dass ich dorthin passe. In kühlen Regionen habe ich mich schon immer wohlgefühlt, ich liebe Skandinavien, habe viele Jahre in Dänemark und auf Island gelebt. Eis und Schnee und wilde Natur finde ich großartig.

Schon Mitte der Neunzigerjahre hatte ich versucht, einen Job in Grönland zu bekommen. Auf meine Bewerbung als IT-Manager beim grönländischen Flughafenbetreiber hatte ich auch prompt eine Zusage bekommen. Das telefonische Vorstellungsgespräch war auf Dänisch, die Sprache spreche ich fließend, und wir wurden uns schnell einig. Den Job trat ich trotzdem nie an. In letzter Sekunde stellte sich heraus, dass aus juristischen Gründen nur dänische Staatsbürger für die Stelle infrage kamen, da zu jener Zeit der Flughafen noch Militärgebiet war.

Grönland gehört zu Dänemark, ist aber kein Teil der Europäischen Union. Deshalb kann man aus Deutschland nicht einfach dorthin ziehen. Grönland und Dänemark teilen sich verschiedene Regierungsaufgaben, aber innenpolitisch ist Grönland zum Großteil autonom. Ob man nun aus Deutschland oder aus Pakistan einwandern will, macht rechtlich keinen Unterschied. Ich muss jedes Jahr eine neue Aufenthaltsgenehmigung beantragen, und die gibt es nur, wenn man einen Arbeitsvertrag hat.

Für Fachkräfte stehen die Chancen auf eine Anstellung hier aber sehr gut, vor allem in der IT und in der Pflege werden händeringend Menschen gesucht. Als ich mich 2010 zum zweiten Mal auf eine Stelle in Grönland bewarb, bekam ich sofort wieder eine Zusage. Seit mehr als zehn Jahren arbeite ich jetzt in Nuuk für die örtliche Telekommunikationsgesellschaft, mittlerweile als Datenschutzbeauftragter. Das ist das Schöne hier: Wer gute Arbeit leistet, macht schnell Karriere.

Meine Tochter hat in Dänemark als Altenpflegerin gearbeitet und ist mir mit ihrer Familie nach Grönland gefolgt. Hier hat sie es innerhalb weniger Jahre auf eine Leitungsposition im Gesundheitsministerium geschafft, und sie ist erst 27 Jahre alt.

Auch meine Karriere wäre in Deutschland wohl nicht so rasant verlaufen. Aber die schnelle Beförderung hatte auch eine Schattenseite: Ich bekam so viele Aufgaben übertragen, dass ich irgendwann zusammenbrach. Dabei hatte ich gedacht, so etwas wie Burn-out gäbe es in Grönland gar nicht, alle schienen mir so entspannt.

Seither achte ich sehr darauf, auch mal Nein zu sagen. Und ich bin aus der Firmenwohnung ausgezogen, um weniger abhängig von meinem Arbeitgeber zu sein. Die Immobilienpreise sind in

Nuuk sehr hoch, 2000 Euro Miete für eine hundert Quadratmeter große Wohnung sind absolut üblich, und Kaufpreise gehen erst bei 700 000 Euro los. Wer als Ausländer hier zu arbeiten anfängt, bekommt deshalb in der Regel von seiner Firma eine Wohnung zu einem besseren Preis gestellt. Manche Firmen übernehmen für Expats auch die Kosten für Ferienflüge in die Heimat. Die sind nämlich sehr teuer, für Hin- und Rückflug nach Europa muss man mit mindestens 1000 Euro pro Person rechnen.

Sieben Euro für einen Liter frische Milch

Weil so gut wie alle Frischwaren mit Propellermaschinen eingeflogen werden müssen, sind auch die Preise für Lebensmittel sehr hoch: Ein Liter frische Milch kostet sieben Euro, eine Gurke fünf Euro. Fleisch und Fisch wird sehr oft selbst gejagt und gefischt. Bevor ich hierherkam, hatte ich keine Ahnung von Waffen oder der Jagd. Jetzt habe ich ein neun Meter langes Boot, mit dem ich regelmäßig zum Fischen fahre. Hier tummeln sich so viele Fische im Wasser, dass man eher vom Abholen als vom Angeln sprechen kann. Und auch Rentiere und Moschusochsen habe ich schon gejagt.

Meine Enkel lernen im Kindergarten, wie man Fische schlachtet. Den ganzen Tag alle Kinder in einem Raum sitzen zu haben, kann sich hier gar keiner vorstellen. Die Kinder klettern auf Felsen und toben herum, ohne dass sich jemand Sorgen um die Verletzungsgefahr macht. Man merkt, dass hier vor allem Jäger und Fischer leben. Hier ist alles ein bisschen rauer und gröber, aber auch herzlicher.

Wenn jemand Geburtstag hat, lädt er zu einer »kaffe-mik« ein. Es ist üblich, dass man von 14 bis 22 Uhr Gäste empfängt. Die meisten bleiben nur kurz, um eine Tasse Kaffee zu trinken und zu gratulieren. Aber es ist keine Seltenheit, dass 100 bis 200 Gratulanten vorbeikommen. In Corona-Zeiten sind maximal 50 Gäste erlaubt, aber seit Juni 2020 gab es in Grönland keine neuen Infizierten mehr.

Die Tradition des »kaffe-mik« geht wohl darauf zurück, dass die grönländischen Häuser so klein waren, dass maximal zwei Gäste hineinpassten. Ich finde sie großartig! Weil immer jemand Geburtstag hat, stehen an vielen Wochenenden für meine Frau und mich fünf bis sechs solcher Events an. Ich bin zum zweiten Mal verheiratet, meine Frau ist Russin und arbeitet hier als Architektin. Wir haben einen sehr großen Bekanntenkreis in Nuuk, weil ich noch einen zweiten Job habe: Ich bin der Weihnachtsmann. Den ganzen Dezember werde ich dafür von meiner Firma nach Bedarf freigestellt.

Den ersten Einsatz als Weihnachtsmann hatte ich an meinem ersten Heiligabend auf Grönland. Ein Freund hatte sich bereit erklärt, auf einer Wohltätigkeitsveranstaltung für Obdachlose und bedürftige Familien den Weihnachtsmann zu spielen. Dann wurde er krank. Ich hatte gar keine Lust, ihn zu vertreten, sagte aber schließlich zu – und war überwältigt, als ich das Leuchten in den Augen der Kinder sah. Inzwischen habe ich eine eigene Hilfsorganisation gegründet und trete für Spenden als Weihnachtsmann in Firmen und Kindergärten auf. Rund 20 000 Euro kommen so jedes Jahr zusammen, die dann an verschiedene Hilfsprojekte gehen.

Durch die Aktion kennt mich mittlerweile gefühlt jeder in Nuuk. Beinahe ein Viertel der grönländischen Bevölkerung lebt hier – aber ganz Grönland hat ja nur 56 000 Einwohner. Die Insel ist sechsmal so groß wie Deutschland, aber zu 80 Prozent von Eis bedeckt. Die Menschen rücken deshalb zusammen, auch im übertragenen Sinn: In Hamburg könnte man in seiner Wohnung krepieren, ohne dass es jemand merkt. Hier kann man nicht einfach verschwinden. Wenn ich mit meinem Boot rausfahre, kriegt das immer jemand mit, und wenn man nicht wie abgesprochen zurück ist, fährt ein Suchtrupp los.

Ich finde das großartig, aber die enge Verbundenheit kann auch anstrengend werden. Ich überlege mir mittlerweile genau, wann ich in den Supermarkt fahre, denn zu Stoßzeiten dauert ein Einkauf mit den vielen Pläuschchen gern mal zwei Stunden.

Bis zur Rente werde ich sicherlich hierbleiben. Ich liebe das Leben und meinen Job hier und finde auch die Winter wunderschön. Aber irgendwann mit einem Rollator durch den Schnee zu cruisen, das kann ich mir nicht vorstellen.

Gut zu wissen

Arbeiten in Grönland

Sie brauchen ein Visum
Grönland ist kein Mitglied der EU und gehört nicht zu den Partnern des Schengenabkommens. Wer in Grönland arbeiten will, braucht ein Visum – und muss dafür in der Regel einen Arbeitsvertrag vorweisen. Wer in Grönland leben will, sollte sich also zuerst einen Job suchen.

Verhandeln zahlt sich aus
Die Lebenshaltungskosten sind in Grönland sehr teuer. Deshalb am besten schon im Vorfeld mit dem Arbeitgeber aushandeln, inwieweit er sich an den Mehrkosten beteiligt: Gibt es eine Firmenwohnung? Werden einmal im Jahr Flüge in die Heimat gezahlt?

Ohne Englisch geht es nicht
Gesprochen wird Grönländisch und Dänisch. Man kommt auch ohne beide Sprachen klar, sollte dann aber sehr gut Englisch können.

Sie dürfen keine Flugangst haben

Es gibt keine Straßen oder Bahnstrecken in Grönland, die Städte oder Siedlungen miteinander verbinden. Alle Straßen enden am Stadtrand. Eine Weiterreise ist nur per Flugzeug, Boot, Schneemobil oder Hundeschlitten möglich. Direktflüge nach Grönland gibt es nur von Dänemark oder Island aus, geflogen wird überwiegend mit Propellermaschinen.

Es gibt kaum Luftfeuchtigkeit

Grönland ist eine arktische Wüste. Die Luft ist sehr trocken. Wegen der geringen Luftfeuchtigkeit fühlen sich niedrige Temperaturen nicht so kalt an, dafür trocknen die Schleimhäute schnell aus. Viel trinken hilft!

In der Sonne wird es heiß

Die durchschnittliche Temperatur liegt in allen grönländischen Städten auch in den wärmsten Monaten Juni, Juli und August noch unter zehn Grad Celsius. Allerdings sind die Temperaturunterschiede zwischen Sonne und Schatten enorm. In der Sonne kann es auch mal über 40 Grad heiß werden.

Privatschulen sind gefragt

Der Schulunterricht ist in Grönland gratis, gilt aber als nicht besonders gut. Viele Expats schicken ihre Kinder deshalb auf Privatschulen. Die Schulgebühren sind allerdings sehr hoch, und es gibt lange Wartelisten. Wer mit schulpflichtigen Kindern nach Grönland ziehen will, sollte sich rechtzeitig um Plätze bewerben.

Durchbruch mit den Kardashians

Sie backt Handtaschen, Schuhe oder Gitarren: Miriam Milord, 37, hat vor zehn Jahren in New York ihre eigene Konditorei gegründet und schon Torten an Justin Bieber und die Rolling Stones verkauft. Wie geht es ihr heute?

Ihr Chef staunte, als sie ihm den Grund für ihre Kündigung nannte: Statt in seiner New Yorker Galerie zu arbeiten, wollte sie lieber Vollzeit Kuchen backen, in einem alten Lagerhaus in Brooklyn. Dann half er ihr beim Schreiben des Businessplans. Dass schon bald die Rolling Stones, Barbra Streisand und Justin Bieber bei ihr bestellen würden, hätte Miriam Milord nicht zu hoffen gewagt.

Nach New York war die Düsseldorferin für ein Kunst- und Grafikstudium gekommen, den Job in der Galerie bekam sie gleich nach ihrem Abschluss, samt Greencard. Mit der permanenten Aufenthaltsgenehmigung war die Firmengründung kein Problem – aber Startgeld hatte sie nicht, zeitweise nicht einmal eine Krankenversicherung.

Der Durchbruch kam, als die Mutter von Fernsehstar Kourtney Kardashian anrief. Ihre Tochter hatte ein Foto von einem täuschend echt aussehenden Schuh aus Kuchenteig gepostet – gebacken von Miriam Milord in Brooklyn. Ob sie nach Los Angeles liefere? Na klar, sagte Milord, obwohl sie keine Ahnung hatte, wie sie die Torte quer durchs Land transportieren sollte. Sie schaffte es und backt seither Handtaschen, Schuhe, Gitarren, aber auch Plattenspieler oder Müslischüsseln im Akkord.

Als wir im SPIEGEL vor sieben Jahren über sie berichteten, schaffte sie 25 Torten pro Woche – und musste wöchentlich bis zu 15 Aufträge ablehnen, weil sie mit ihren fünf Mitarbeiterinnen beim Backen nicht mehr hinterherkam. Ihr größter Auftrag damals: eine essbare Couch mit Schuhen und Taschen für 1500 Leute. Verkaufspreis: 7000 Dollar. »Vielleicht mache ich noch ein zweites Geschäft auf oder expandiere ins Ausland«, sagte sie damals.

Dazu ist es nicht gekommen, aber ihre Firma ist deutlich gewachsen – und das trotz der Corona-Krise. Mittlerweile hat sie 25 Mitarbeiterinnen, die nicht nur backen, sondern auch Online-Events organisieren: Die Teilnehmer bekommen vorab Kuchen nach Hause geschickt und treffen sich dann im Videochat. Milord verkauft jetzt Muffins, Kekse oder Kuchen in Gläsern, die zum Beispiel von Freunden als Gruß versendet werden. Für 45 Dollar gibt es vier Kuchen, die Lieferung in New York ist gratis.

Das Angebot werde gut angenommen, sagt Milord: »Wir haben zwar viele berühmte Kunden, aber 90 Prozent unserer Aufträge kommen aus unserem Viertel, und die Nachbarn halten uns noch die Treue.« Das sei der typische »New Yorker Spirit« – in einer Krise hielten alle zusammen.

Dass sie die Situation so gut meistern würde, hatte sie im Frühjahr 2020, als New York City zum Epizentrum für Neuinfektionen mit dem Corona-Virus in den USA wurde, kaum zu hoffen gewagt. Denn aufwendige Torten werden immer dort aufgetischt, wo viele Menschen zusammenkommen – bei Firmen- und Geburtstagsfeiern, Hochzeiten oder Jubiläen, all den Veranstaltungen, die plötzlich verboten waren.

Plötzlich Therapeutin für enttäuschte Bräute

Im Frühjahr klingelte ständig das Telefon, weil Kunden ihre Bestellungen stornieren wollten – und Milord wurde unfreiwillig zur »Therapeutin für enttäuschte Bräute«, wie sie sagt. Aber nicht nur sie, auch die Kunden wurden kreativ: Ein Hochzeitspaar plante spontan um und lud kurzerhand einige wenige Gäste zu sich in die Hotelsuite ein. Ein anderes Paar ließ sich per Videochat feiern.

Im Sommer durften auch erste Treffen wieder stattfinden – und Milord veranstaltete draußen vor ihrem Laden Verköstigungen, bei denen der Mindestabstand von 1,50 Meter eingehalten werden konnte. Sie verkauft nun vor allem kleinere Torten, die maximal 15 Stücke hergeben, und personalisierte Muffins, zum Beispiel mit dem Konterfei der US-Vizepräsidentin Kamala Harris. Ihre Rücklagen reichten für maximal zwei Monate, sagt Milord. »Ich habe alle möglichen Versicherungen abgeschlossen, gegen Hurrikane oder Überflutungen, aber das hilft mir jetzt nichts.« Mit staatlicher Hilfe rechnet sie nicht. Bisher waren ihre Erfahrungen mit der New Yorker Bürokratie auch eher ernüchternd. Allein die Genehmigung des Gesundheitsamts für die Eröffnung ihrer Bäckerei zu bekommen sei ein Papierkrieg gewesen, sagt sie, teuer und kompliziert.

Ein Pendant zum deutschen Kurzarbeitergeld gibt es in den USA nicht, auch Arbeitslosenhilfe ist sehr begrenzt – und wurde im Frühjahr von so vielen New Yorkern beantragt, dass die Behördenwebsite ständig zusammenbrach. »Bei mir arbeiten viele alleinerziehende Mütter, wir kennen uns teilweise schon seit Jahren, ich möchte ihnen unbedingt weiter Arbeit geben«, sagt Milord.

Sie wählt ihre Mitarbeiterinnen sorgfältig aus; schon der Bewerbung müssen Fotos von eigenen Kuchenkreationen beiliegen, einen Arbeitsvertrag gibt es erst nach einem Tag Probebacken. Sie sehe sich eher als Künstlerin und nicht als Konditorin, sagt Milord. Wie eine Bildhauerin schneidet sie mit Messern, Sägen, Zangen und Meißeln die gewünschten Formen aus den Kuchenblöcken. Bei Handtaschen mit Lederoptik ist jede Rille von Hand gezeichnet. Das dauert schon mal zwei Tage.

150 Dollar war der Mindestpreis für eine solche Torte vor sieben Jahren, mittlerweile verlangt Milord mindestens 225 Dollar. »Die Zutaten werden jedes Jahr teurer, vor allem Eier und Butter. Und auch die Gehälter steigen, als Gewinn bleibt da gar nicht so viel«, sagt Milord. Als Unternehmerin habe sie bislang auch nicht mehr verdient als in ihrem alten Job in der Kunstgalerie. Den wieder aufzugreifen kann sie sich aber nicht vorstellen. Ihre Hoffnungen ruhen nun auf dem Geschäft mit kleineren Kuchen – und einem möglichst schnellen Ende der Krise.

Regeln, Ordnung, Hierarchien – und Magie

Maurice Jones, 31, organisiert Festivals für elektronische Musik in Tokio.
Den Versuch, japanischer zu werden, hat er schon lange aufgegeben.

Als ich aufwachte, war ich glücklich. Plötzlich wusste ich: Es war richtig gewesen, nach Japan auszuwandern. In der Nacht zuvor war ein Festival für elektronische Musik zu Ende gegangen, das meine Kollegen und ich in Tokio organisiert hatten.

Die Monate davor habe ich kaum geschlafen, ich habe Künstler beauftragt, Workshops und Konferenzen organisiert, Installationen und Performances vorbereitet. Das MUTEK-Festival, das es auch in Montréal, Mexiko-Stadt, Dubai, Barcelona, Buenos Aires und San Francisco gibt, fand zum ersten Mal in Japan statt.

Es fühlte sich wie Aufbruch an, so als würde unsere Arbeit tatsächlich einen Unterschied machen. Wir waren beflügelt, das Publikum begeistert – und obwohl wir ein dickes Minus gemacht haben, war es der absolute Wahnsinn.

Bevor ich nach Japan gekommen bin, habe ich Asienwissenschaft in Bonn studiert. Aus dem Auslandsjahr wurde ein Aufenthalt für länger. Ich musste nur noch einmal zurück, um meine Bachelorarbeit abzugeben. Nach einem befristeten Job bei der deutschen Außenhandelskammer lernte ich einige Veranstalter und Künstler aus der japanischen Clubszene kennen, mit denen ich mich zusammenschloss, um Musikevents in Tokio zu organisieren. Acht Jahre ist das jetzt schon her.

Ich spiele Keyboard und Gitarre und schreibe eigene Songs und wollte auch in Japan in die Musikszene einsteigen. Ich dachte zuerst, ich könnte Festivals organisieren, um meine eigene Musik zu verbreiten – aber als Organisator habe ich inzwischen viel zu viel andere Sachen zu tun.

Wir können mittlerweile gut von MUTEK leben. Wenn wir nicht für das Festival arbeiten, dann organisieren wir Events für große Unternehmen. Das sind zum Beispiel Autohersteller, die ihre Kunden mit futuristischen audiovisuellen Installationen beeindrucken wollen, um so eine emotionale Bindung zur Marke aufzubauen.

Unser Ziel ist es, das Nachtleben in Tokio mit unseren Veranstaltungen umzukrempeln. Wir veranstalten experimentelle futuristische Events, bei denen wir jungen Künstlern eine Plattform geben. In den etablierten Clubs haben sie kaum Chancen, weil sie kaum mit den alten Cliquen verbunden sind.

Es gab auch Zeiten, da hatte ich keine Lust mehr auf Japan und wollte nach Europa zurück. Damals wurde mir klar: Egal, was ich mache, ich werde hier immer ein Ausländer bleiben. Selbst Professoren, die schon seit 30 Jahren in Japan leben, eine japanische Frau haben und fließend Japanisch sprechen, werden immer die Weißnasen sein.

Niemals laut sein

Ich hatte alles gegeben, um mich in Tokio zu integrieren: die Sprache gelernt, mich den Hierarchien und den ungeschriebenen Gesetzen untergeordnet. Und das sind viele: Zum Beispiel soll man in der U-Bahn nicht trinken oder essen, sich in der Öffentlichkeit nicht die Nase putzen. Und niemals laut sein. Die Japaner klingeln nicht an deiner Tür, wenn man auf einer Party zu viel Krach macht, sie rufen gleich die Polizei.

Die Regeln sind an sich nicht so schlimm, aber die Japaner nehmen sie einfach so hin, auch wenn sie sinnlos sind. Das gilt auch für Hierarchien, die selten hinterfragt werden.

Ich habe inzwischen akzeptiert, dass ich niemals ein gleichwertiger Teil der japanischen Gesellschaft sein werde – und nutze das auch ein bisschen aus. Als Ausländer sehen es einem die Japaner eher nach, wenn man direkt ist. Das ist vor allem beim Verhandeln von Vorteil.

Besonders schwer fiel es mir, mich unterordnen zu müssen, ständig höflich und zurückhaltend zu sein. Ich habe ziemlich lange gebraucht, um zu lernen, wann ich mich als Ausländer Hierarchien fügen sollte und wann ich vielleicht weiterkomme, wenn ich das nicht tue. Das Unterordnen bringt einen ja nicht weiter, wenn man Events organisiert und nicht als gleichwertiger Gesprächspartner angesehen wird. Je mehr ich versucht habe, mich anzupassen, desto deutlicher wurden die Unterschiede.

Das fiel mir auch bei den zwischenmenschlichen Beziehungen auf. Es dauert sehr lange, bis man in Japan mit jemandem befreundet ist. Die Menschen teilen nicht so gern ihre Gefühle mit, weil sie andere damit nicht belasten wollen. Inzwischen habe ich gute japanische Freunde gefunden, aber das hat Jahre gedauert.

Was mich auch nervt, ist der Rassismus. Die Japaner unterteilen in gute (aus Europa stammende) und schlechte Ausländer (aus Südostasien). Es gibt auch einen alltäglichen Rassismus, zum Beispiel muss man als Ausländer eine Art Zuschlag zahlen, wenn man eine Wohnung mietet. Das nennen die Japaner Ausländerversicherung. Zudem kann ich nach all den Jahren in Japan noch immer keine Kreditkarte beantragen, weil ich als Ausländer ja einfach abhauen könnte. Es hat mich auch mehrere Monate gekostet, einen Handyvertrag zu bekommen – und es hat schließlich nur geklappt, weil ich eingewilligt habe, mehr zu bezahlen.

Auch die Rolle der Frau ist noch sehr traditionell. Erst neulich beschwerten sich Frauen darüber, dass sie von ihrem Arbeitgeber nicht mehr gezwungen werden wollen, hochhackige Schuhe zu tragen. Japan ist noch sehr weit von #metoo entfernt, und da brauchen wir gar nicht erst über LGBTQ zu reden.

Die Überarbeitung ist ebenso ein großes Thema, manche Leute arbeiten hier 100 Stunden in der Woche. Karoshi heißt es, wenn jemand stirbt, weil er zu viel gearbeitet hat. Überstunden werden meist nicht bezahlt, sondern gelten als Geschenk an die Firma, weil man dort einen Job bekommen hat. Ich arbeite zwar auch viel, aber bei Kreativen ist das etwas anderes, sie leben in einer Art Parallelgesellschaft, in der die Grenze zwischen Arbeit und Vergnügen verschwimmt.

Meinen Job sehe ich inzwischen mit anderen Augen. Wir versuchen jetzt auch, viele japanische Künstler ins Ausland zu vermitteln und Künstler aus anderen Ländern herzuholen. Ich verstehe mich jetzt mehr als Vermittler zwischen den Kulturen. Und seitdem fällt es mir wieder leichter, in Japan zu leben. Ich weiß jetzt auch, wann ein Ja ein Ja-Ja ist, ein Vielleicht-Ja oder ein Nein-Ja.

Trotz aller Hindernisse bin ich sehr glücklich in Japan, die Lebensqualität ist ziemlich hoch. Das fängt schon beim Essen an. Selbst die günstigsten japanischen Restaurants sind qualitativ sehr hochwertig. Und man kann sich auf die meisten Dinge einfach verlassen: Die Züge fahren pünktlich, die Geschäfte haben rund um die Uhr geöffnet, die Behörden sind sehr penibel, machen dafür aber keine Fehler.

Ich schätze an Tokio, dass ich fast jeden Tag etwas Neues entdecke, wenn ich mit dem Fahrrad zur Arbeit fahre: ein arrangiertes Blumenbeet, einen Ausblick über die Stadt, der mir vorher noch nie aufgefallen ist, ein neues Café. Auch die japanische Natur hat eine ganz spezielle Magie, weil das Meer und die Berge mancherorts so nah beieinanderliegen.

Faszinierend finde ich auch den andauernden Konflikt zwischen den traditionellen Normen und Ritualen und dem Modernen. Zum Beispiel, dass die jungen Japaner kaum noch Familien gründen, was im kompletten Kontrast zum traditionellen japanischen Bild der Familie steht.

Als die Corona-Pandemie ausgebrochen ist, war ich auf dem Rückweg von Kanada nach Japan und wollte meine Familie in Frankfurt nur ein paar Tage besuchen. Dann wurden die Grenzen dichtgemacht, und ich konnte acht Monate lang nicht nach Japan einreisen, obwohl mein Wohnsitz ja dort ist. Wer kein japanischer Staatsbürger ist, kam nicht rein.

Ich konnte zum Glück von Frankfurt aus arbeiten, musste aber auch in Japan meine laufenden Kosten weiter decken: Wohnsteuer, Einkommenssteuer und Krankenversicherung. Das alles hat mir verdeutlicht, wie viele Pflichten und wie wenig Rechte ich in Japan als Ausländer habe. Inzwischen bin ich aber wieder in Tokio.

Spätestens wenn ich eine eigene Familie gründe, möchte ich Japan verlassen. Als halbwegs geformter Mensch kann man mit den Herausforderungen der japanischen Gesellschaft umgehen, aber ich möchte meinen Kindern nicht antun, in diesen konservativen Strukturen aufzuwachsen.

Gut zu wissen

Nur weil man Manga, Anime, Hello Kitty, Cosplay, Samurai oder Ninjas liebt, heißt das noch nicht, dass man in Japan glücklich wird. Auch ein Zwei-Wochen-Urlaub in Japan ist nicht repräsentativ für die Wirklichkeit, in der man sich als Ausländer dort auf längere Zeit bewegt. Das heißt, man sollte sich nicht nur von oberflächlichen Faszinationen für das Land treiben lassen, sondern sich wirklich mit der japanischen Gesellschaft beschäftigen. »Bei mir war das ein langer Prozess, bei dem es auch einige Momente gab, in denen ich aufgeben wollte«, sagt Maurice Jones. »Ich habe in meiner Zeit viele Leute kommen und gehen sehen. Man sagt, dass drei bis vier Jahre die entscheidende Marke sind – wer diese übersteht, wird auf Dauer keine Probleme haben, länger in Japan zu bleiben.«

»Wir wohnen im höchsten Gebäude der Welt«

Daniel Garofoli, 38, hatte keine Ahnung von Immobilien, als er vor sieben Jahren nach Dubai zog. Inzwischen verkauft er erfolgreich Luxuswohnungen und sieht die Vereinigten Arabischen Emirate als neues Land der unbegrenzten Möglichkeiten.

Ich bin vor sieben Jahren mit ein paar Hundert Euro in der Tasche nach Dubai gezogen und habe mir mit meiner Freundin ein 20-Quadratmeter-Zimmer in der Wohnung von Freunden geteilt. Jetzt wohnen wir im Burj Khalifa, dem höchsten Gebäude der Welt, und verdienen mehrere Hunderttausend Euro im Jahr. Gerade sitze ich auf einer Bank am Strand, es sind 27 Grad, und ich schaue aufs Meer.

Mit 16 Jahren habe ich meinen Realschulabschluss gemacht und dann eine Ausbildung zum Automobilkaufmann in Karlsruhe, danach jobbte ich bei Mercedes und absolvierte meinen Zivildienst. Ich musste mich dabei um einen 35 Jahre alten Mann kümmern, der vom Hals abwärts gelähmt war. Damals wurde mir bewusst, dass ein Unfall ein Leben von einem auf den anderen Tag verändern kann. Und ich habe entschieden, dass ich nie wieder einen Job des Geldes wegen annehmen werde. Ich wollte meine Zeit nicht in einem Büro verschwenden.

Ich arbeitete erst einmal als Barkeeper und später als DJ, weil ich damit mehr Geld verdiente als mit dem Mixen von Cocktails und weil meine Begeisterung für House-Musik immer größer wurde. Auf dem Abendgymnasium holte ich mein Abi nach und studierte danach an einer privaten Uni Wirtschaft.

Das Auflegen lief inzwischen richtig gut, ich wurde weltweit gebucht, war in 30 Ländern unterwegs und kam vor zwölf Jahren das erste Mal nach Dubai. Ich habe mich sofort in die Stadt verliebt.

Dubai ist international, alles ist super organisiert, die Menschen sind freundlich. Alle haben hier große Pläne, wollen Geschäfte machen, Geld verdienen. Das hat mich begeistert. In dieser Zeit lernte ich meine Frau kennen. Sie kam als Austauschstudentin aus Weißrussland nach Karlsruhe, und als ihr Auslandssemester vorbei war, führten wir fast zwei Jahre lang eine Fernbeziehung.

Meine Freundin kam mich oft besuchen, und wir versuchten damals, ein dauerhaftes Visum für sie für Deutschland zu bekommen, doch das war leider aussichtslos. Wer nicht gerade Fußballprofi oder spezialisierter Chirurg ist, hat es schwer, mit einem weißrussischen Pass eine längere Aufenthaltsgenehmigung in der EU zu bekommen.

Vor sieben Jahren entschlossen wir uns, Deutschland aufzugeben und nach Dubai zu ziehen, weil es meiner Freundin dort auch gut gefiel. Sie fand schnell einen Job als Assistentin für eine Investmentfirma, weil sie viele Sprachen spricht. Und ein Freund brachte mich auf die Idee, Immobilienmakler zu werden. Ich wollte ohnehin mit dem Auflegen aufhören, weil ich mich mit Anfang 30 zu alt dafür fühlte.

Am Anfang oft gescheitert

Ich hatte keine Ahnung von Immobilien, aber einen Versuch war es wert. Also bewarb ich mich bei verschiedenen Maklern, aber alle sagten mir ab, weil ich keine Erfahrung hatte. Auf einem

Flug sah ich dann eine US-Serie über Immobilienmakler in ihren Dreißigern in New York. Damals dachte ich mir: Ich will genauso sein wie diese Jungs. Ich probierte es weiter und landete bei einer pakistanischen Immobilienfirma. Wir schlugen uns da alle irgendwie durch. Mittags aßen wir zusammen aus einer großen Schale Reis und Chicken Biryani.

Am Anfang bin ich oft gescheitert. Deals, in die ich viel Zeit gesteckt hatte, platzten wieder. Doch ich merkte schnell, dass man als Immobilienmakler nur Erfolg hat, wenn man viel über die Gebäude, die Bauweisen und die Gegenden weiß – und ein gutes Netzwerk hat. Ich nahm also zu vielen Leuten und Unternehmen Kontakt auf, sprach die Menschen offensiv an und hatte Erfolg: Ich bekam einen Job bei einer von Dubais exklusivsten Immobilienfirmen. Daraufhin machte ich eine offizielle Lizenz zum Immobilienmakler und lernte viele Regeln und Gesetze des Marktes kennen.

Das Wichtigste ist: Als Immobilienmakler muss man schnell sein – dem Kunden also als Erster eine Immobilie anbieten, die zu ihm passt. Man muss ihm die Aufmerksamkeit geben, die er verdient. Man muss ein Gespür dafür haben, wer etwas kauft und wer sich nur mal ein schönes Penthouse anschauen will. Am Ende muss ich einen kühlen Kopf bewahren und mir immer wieder sagen, dass ich nur ein Berater, nur ein Dienstleister bin. Meine Strategie ist es, die Zeit mit dem Kunden so effektiv wie möglich zu gestalten. Kommissionen kann man zurückzahlen, Zeit aber nicht.

Inzwischen habe ich mich als Immobilienmakler selbstständig gemacht. Das Geschäft läuft gut. Wegen der Corona-Pandemie wollen viele Deutsche und Österreicher ihr Geld in Dubai anlegen. Ich glaube, sie haben Angst davor, dass die Wirtschaft in Deutschland irgendwann zusammenbrechen könnte.

Über meine Kontakte bin ich schließlich auch an die Wohnung im Burj Khalifa gekommen. Wir zahlen hier 4000 Euro Miete im

Monat. Das ist schon viel, aber wir verdienen gut – und müssen keine Einkommensteuern zahlen.

In Dubai ist alles XXL. Stadien, Beach Clubs, Einkaufszentren werden an jeder Ecke gebaut. Es herrscht eine Aufbruchsstimmung. Für mich sind die Vereinigten Arabischen Emirate das neue Land der unbegrenzten Möglichkeiten. Die Menschen machen hier die Dinge einfach möglich, in Deutschland versuchen viele nur das Haar in der Suppe zu finden. Aber dafür arbeitet jeder auch ziemlich viel, auch ich arbeite bis zu 16 Stunden am Tag, mindestens an sechs Tagen die Woche, meistens aber jeden Tag.

Natürlich leben wir hier auch nicht in einem demokratischen Land, sondern in einem Königreich. Es gibt viele Regeln, an die wir uns halten müssen, und wenn wir es nicht tun, drohen drakonische Strafen. Wir müssen etwa ganz genau darauf achten, dass wir uns nicht in der Öffentlichkeit betrinken. Bei Alkohol gibt es null Toleranz. Wer betrunken am Steuer erwischt wird, muss eine hohe Geldstrafe zahlen oder sogar ins Gefängnis.

Außerdem ist die Regierung sehr streng, was Krankheiten anbelangt. Nur wer einen Gesundheitscheck besteht, bekommt in den Vereinigten Arabischen Emiraten eine Arbeitsgenehmigung.

Wenn Ramadan ist, sollte man nicht in der Öffentlichkeit essen oder trinken. Vor einigen Jahren durfte man nicht einmal mit einer Wasserflasche auf der Straße herumlaufen oder Kaugummi kauen, aber inzwischen ist es etwas lockerer geworden, Restaurants haben geöffnet, und Nicht-Muslime dürfen einkehren. Allerdings sind die Scheiben zugehängt, damit Muslime uns nicht beim Essen zusehen müssen.

Viele Deutsche denken, dass die Frauen hier weniger Rechte als die Männer haben. Ich kann nur für meine Freundin sprechen, die sich hier sehr wohlfühlt. Sie muss sich nicht extralange Kleidung anziehen oder irgendwie bedecken, sondern kann normal in Shorts und Shirts herumlaufen. Ich würde sogar sagen, die Verschleierung ist hier so etwas wie das Dirndl in Deutschland. Viele Frauen verschleiern sich aus traditionellen Gründen.

Wenn ich mal Freizeit habe, verbringe ich die am liebsten mit meiner Freundin. Oder wir machen was mit Freunden. Wir haben eine kleine Expat-Community gefunden – unsere Freunde kommen aus Frankreich, Kanada, Spanien, Indien und dem Libanon. Wir laden uns gegenseitig ein und gehen nur selten aus, Alkohol ist sehr teuer hier. Für ein Bier zahlt man ungefähr 15 Euro.

Nach Deutschland fliegen wir ein bis zwei Mal im Jahr. Zurück in die Heimat möchte ich aber nicht, ich möchte hier gern eine eigene Immobilie kaufen und darin mit meiner Freundin wohnen.

Glück mit silbernen Knöpfen

Er verliebte sich im Urlaub in Peru, kündigte seinen Job als Softwareent-
wickler in München – und gründete in Lima eine Manufaktur für Man-
schettenknöpfe. Wie geht es Kai Zaunick, 45, heute, 16 Jahre später?

Zwei Wochen wollte Kai Zaunick in Lima bleiben. Jetzt lebt er
seit 16 Jahren dort. Eigentlich hatte er nur einen Freund besuchen
wollen, der in Perus Hauptstadt ein Praktikum machte. Dann verliebte er sich in die Stadt, in eine Frau und in eine Geschäftsidee:
Er kündigte seinen Job als Softwareentwickler in München und
gründete in Lima eine Manufaktur für Manschettenknöpfe.

Peru ist für seine Silberschmiedekunst bekannt, schon vor
3000 Jahren wurden im nördlichen Hochland der peruanischen
Anden Gold und Silber verarbeitet. Zaunick wollte zunächst Repli-
kas von Bechern und Kelchen aus der spanischen Kolonialzeit verkaufen, als zweites Standbein zur Softwareentwicklung. Seinen
Lebensunterhalt verdiente er in den ersten Monaten in Lima noch
mit Programmieraufträgen, die er von deutschen Firmen bekam.
Die Idee mit den Kelchen verwarf er allerdings rasch wieder: Sie
waren aufwendig herzustellen, schwierig zu verschicken – und
wenig gefragt.

Mit den Manschettenknöpfen schien er dagegen einen Nerv
getroffen zu haben, vor allem in den USA, wo es üblich ist, dass
ein Bräutigam seinem Trauzeugen Manschettenknöpfe schenkt.
Auch aus Deutschland gingen viele Bestellungen ein, über die

eigene Website und einen Shop bei Amazon. Als wir im SPIEGEL vor acht Jahren über Kai Zaunick berichteten, hatte er zehn Mitarbeiter und so viele Aufträge, dass er kaum noch als Softwareentwickler arbeitete.

Er sei mit seinem Leben in Lima sehr glücklich, sagte er damals, könne sich aber auch gut vorstellen, mit seiner peruanischen Frau und dem gemeinsamen Sohn nach Deutschland zu ziehen. Acht Jahre später ist die Familie zu viert, und die beiden Jungs besuchen in Lima eine deutsche Privatschule – die sie nun allerdings seit Monaten nicht betreten durften. Bis Ende des Jahres 2020 gibt es wegen der Corona-Krise nur verkürzten Fernunterricht. Das Schulgeld bekommt Zaunick trotzdem nicht zurück.

60 Tage Corona-Hausarrest für Kinder

Wegen der Corona-Pandemie hatte die Regierung im März 2020 einen strengen Lockdown verhängt. Kinder durften mehr als 60 Tage gar nicht draußen spielen und dann auch nur eine halbe Stunde am Tag und nur im Umkreis von 500 Metern vom Wohnort. Erwachsene durften die Wohnung nur einzeln zum Einkaufen verlassen, Autofahren war nur noch mit Ausnahmegenehmigung gestattet, ab 20 Uhr galt eine Ausgangssperre. Das Virus verbreitete sich dennoch rasant in Peru – mit einer der höchsten Sterblichkeitsraten weltweit. Das Gesundheitssystem ist marode, die Krankenhäuser sind überfüllt, Sauerstoff ist knapp. Pro 100 000 Einwohner stehen im Schnitt nur 2,3 Betten auf Intensivstationen zur Verfügung. In Deutschland sind es 33,9. Wohlhabendere Peruaner kaufen sich auf dem Schwarzmarkt Sauerstoffflaschen zu Wucherpreisen.

Kai Zaunick sorgt sich aber nicht nur um die gesundheitliche Versorgung. Er hat auch Angst, dass eine Rezession das Land in eine Krise stürzt. Arbeitslosengeld oder Sozialhilfe wie in Deutschland gibt es in Peru nicht; wer seinen Job verliert, landet im schlimmsten Fall auf der Straße. Er selbst hat vier feste Mitarbeiter und ist froh, dass er Anfang Juli 2020 seine Werkstatt wieder öffnen durfte. »In dieser Situation sehne ich mich schon nach der Stabilität in Deutschland«, sagt Zaunick. Die Lage in Peru sei vor allem chaotisch: Zwischenzeitlich war über 60-Jährigen und Menschen mit Übergewicht das Arbeiten verboten, dann gab es eine Pflicht zum Tragen von Handschuhen, Hundebesitzer wurden beim Gassigehen vom Militär kontrolliert – aber die engen Markthallen, die man nun als Viren-Hotspots identifiziert hat, waren lange regulär geöffnet.

Zaunicks Frau hat einen Job bei einer Bank in Lima, sie arbeitet jetzt im Homeoffice. Er selbst könnte wieder als freiberuflicher Softwareentwickler seine Dienste anbieten, technologisch sei er auf dem neuesten Stand, sagt er. Aber seine Manufaktur ist für ihn mehr als nur eine Möglichkeit zum Geldverdienen, sie ist sein Projekt, sein Baby, mit dem er über die Jahre Höhen und Tiefen erlebt hat. Und deshalb nutzte er die Zeit des Lockdowns vor allem, um das Unternehmen neu auszurichten. Er erweiterte das Sortiment um Siegelringe, Pins und Damenschmuck, und will nun langfristig mit einem Verkaufsladen auch mehr Kunden in der Nachbarschaft gewinnen.

Nach unserem Gespräch vor acht Jahren ging es für Zaunick zunächst steil bergauf. Auf einer großen Schmuckmesse in Las Vegas ergatterte Zaunick den Großauftrag eines US-Portals für Geschenkartikel – und musste innerhalb weniger Wochen mehrere Hundert Manschettenknöpfe liefern. Für ihn und seine Mitarbeiter, die bis dahin nur wenig auf Vorrat gearbeitet hatten, war das eine große Herausforderung. »Um alles rechtzeitig fertig zu kriegen, haben meine Frau und ich nach Feierabend bis in die Nacht Keramikeinlagen aufgetragen«, sagt Zaunick. Neben der handwerklichen Arbeit war er auch noch mit bürokratischen Hürden konfrontiert: In den USA brauchen Warenverkäufer eine Versicherung für ihre Produkte, die einspringt, wenn Kunden sich beim Gebrauch verletzen. Wie verletzt man sich mit einem Manschettenknopf? Nicht nur aus deutscher Sicht ist das eine kuriose Frage; in Peru konnte Zaunick keine Versicherung mit passendem Angebot auftreiben. Es blieb ihm nur die Firmengründung in den USA.

Rückblickend habe sich der ganze Aufwand gelohnt, sagt Zaunick, aber er habe sich letztlich entscheiden müssen: Setzt er mit seiner Manufaktur auf Großaufträge mit eher geringeren Gewinnmargen oder auf individuelle Bestellungen direkt vom Endkunden, die zwar aufwendiger, aber auch gewinnbringender sind? Er entschied sich für Letzteres.

Mehr als 300 verschiedene Manschettenknöpfe bietet er an, sie haben die Form einer Axt oder eines Cowboyhuts, es gibt Käsestücke, Notenschlüssel, Paragrafen und Pistolen, sogar einen Totenkopf mit Kochmütze. Auch einen Trabant und einen Motorkolben hat Zaunick schon als Manschettenknopf gefertigt, selbst das Auswärtige Amt hat bei ihm Diplomatengeschenke geordert: Manschettenknöpfe in Form kleiner Fußbälle.

Die Prototypen entwirft Zaunick mithilfe eines 3D-Druckers, nach der Vorlage werden die Modelle dann per Hand in Gold oder Silber geschmiedet und auf Wunsch personalisiert, mit eingravierten Daten, Initialen oder Firmenlogos.

Vom Versand aus Peru bekommen deutsche Kunden gar nichts mit – dank der Hilfe von Kai Zaunicks Vater. Er betreut sein Lager in Deutschland und verschickt die Manschettenknöpfe von Worms aus. Selbst bei personalisierten Bestellungen dauere es bis zur Lieferung im Schnitt nur fünf Tage, sagt Zaunick.

Er selbst reist nur noch alle zwei Jahre nach Deutschland; die Flüge für eine vierköpfige Familie sind teuer. Derzeit sind alle Flughäfen gesperrt. Zumindest eine positive Seite kann Zaunick der Situation aber abgewinnen: Seine Söhne antworten ihm jetzt häufiger auf Deutsch als auf Spanisch, weil er nun mehr Zeit mit ihnen zu Hause verbringt.

Gut zu wissen

Der deutsche Führerschein wird in Peru nicht anerkannt. Die Fahrprüfung, die Kai Zaunick absolvieren musste, um den peruanischen Führerschein zu erhalten, fand auf einem Verkehrsübungsplatz statt, auf dem ein Parcours mit typischen Situationen aus dem Straßenverkehr aufgebaut war. »500 Meter weiter vorn gab es einen exakten Nachbau des Parcours, auf dem gegen Gebühr genau erklärt wurde, was wann zu tun ist. Das ist kreatives peruanisches Unternehmertum«, sagt Zaunick. Im Straßenverkehr nehmen es die Peruaner allerdings nicht so genau mit den Verkehrsregeln: »Es gibt quasi keine.«

In der Mittagspause in den Swimmingpool

Schnelles Internet, niedrige Preise und gutes Wetter, das waren genug Gründe für Sven Ernst, 42, sein Büro nach Chiang Mai in Thailand zu verlegen. Wie geht es ihm dort?

Er hatte nur vier Wochen bleiben wollen, damals, vor Studienbeginn. Doch dann gefiel es Sven Ernst so gut in Chiang Mai, dass er seinen Platz an der Uni in München sausen ließ und sich stattdessen in der thailändischen Metropole in Informatik einschrieb. Die Stadt im Norden Thailands gilt als Mekka Digitaler Nomaden: Das Internet ist schnell, Lebenshaltungskosten und Mieten sind günstig, und es wird selten kälter als 25 Grad.

16 Jahre liegt die Reise von Ernst nun zurück. »Chiang Mai ist zu meiner Heimat geworden«, sagt er.

Wenn der 42-Jährige zur Arbeit geht, packt er manchmal seine Badehose ein. Zu seinem Büro gehört ein Swimmingpool. Er hat die Immobilie selbst ausgesucht; wichtiger als der Pool sei ihm der große Garten gewesen, sagt er. Dort können seine Mitarbeiter auf einer Slackline balancieren oder Tischtennis spielen. Oder unter Palmen am Laptop arbeiten.

Vor sechs Jahren haben wir im SPIEGEL zum ersten Mal über Sven Ernst berichtet. Er hatte mit Freunden eine Softwareagentur gegründet und beschlossen, einen Standort in Chiang Mai aufzubauen. Die Firma hatte damals 16 Mitarbeiter und profitierte von einem Förderprogramm für Start-ups des thailändischen Wirtschaftsministeriums. Das Stipendium ist mittlerweile ausgelaufen, aber Ernst kann sich eine Rückkehr nach Deutschland gar nicht mehr vorstellen.

Er hat nun zwei Kinder, beide sind in Chiang Mai geboren, sie sollen dort auf die deutsche Schule gehen. Und die Zahl der Mitarbeitenden in seiner Firma hat sich mehr als verdoppelt. Von den 35 Angestellten sind rund zwei Drittel Thailänder, die anderen haben zehn verschiedene Nationalitäten. Auch vier Deutsche und ein Schweizer sind dabei.

Ernsts Mitgründer arbeiten von Stuttgart und München aus. »Wer als deutsche Agentur wahrgenommen werden will, muss auch vor Ort sein. Das ist für die Kommunikation mit den Kunden unverzichtbar«, sagt Ernst. Die Kollegen aus Deutschland besuchen ihn und sein Team ein- bis zweimal im Jahr, die Flüge spendiert die Firma. Wer will, kann mehrere Monate bleiben – oder länger. Das Austauschprogramm nutzen auch die Mitarbeiter im thailändischen Büro. Ein Thailänder arbeitete drei Monate in Stuttgart, ein Russe wechselte von Chiang Mai ins Schwabenland.

70 Cent für ein leckeres Essen

Treue und zuverlässige Mitarbeiter zu finden sei schwer in Thailand, war Ernst gewarnt worden. Er kann das nicht bestätigen. »Das Recruiting ist einfacher als in Deutschland«, sagt er. »Man merkt zwar, dass die Konkurrenz größer geworden ist, aber hier kann man mit einem schönen Büro und flachen Hierarchien noch herausstechen.«

Vor sechs Jahren sagte Ernst, das Einzige, was ihm in Thailand fehle, sei die Möglichkeit zum Netzwerken. Das hat sich geändert. Mittlerweile haben Firmen wie Facebook und Google Standorte in Bangkok, und Chiang Mai ist vielen Entwicklern ein Begriff. Das habe Vor-, aber auch Nachteile, sagt Ernst. »Die Preise ziehen stark an. Vor fünf Jahren konnte man mit 400 Euro im Monat noch gut über die Runden kommen, das wird jetzt knapp.«

Allerdings sei das Leben in Chiang Mai im Vergleich zu Deutschland noch immer sehr günstig. Für 70 Cent gebe es am Straßenstand leckeres Essen, auch Mieten und Gehälter seien niedriger. »In Stuttgart wäre ein Büro mit Pool für uns unbezahlbar.«

Kurzzeitig hatte Ernst überlegt, mit seiner zweiten Firma, einem Yogaportal, einen Standort im Silicon Valley zu eröffnen. Mehrere Monate war er damals in Kalifornien, um Fördergelder zu sammeln und Kontakte zu knüpfen. Dann entschied er sich doch wieder für Chiang Mai. »Hier reicht das Startkapital einfach länger«, sagt er. »In San Francisco wäre uns das Geld schon nach knapp sechs Monaten ausgegangen, in Chiang Mai reicht es für mindestens zwei Jahre.«

Für Gründer, deren Firma an keinen Ort gebunden sei, sei das Auswandern nach Thailand allein aus finanziellen Gründen eine tolle Option. Aber: »Man braucht schon eine Affinität zu Asien, um hier zu bestehen. Wer noch nie in Thailand war, wird es schwer haben.« Wer zum Beispiel einen Handwerker bestelle, müsse damit rechnen, dass dieser kein Englisch verstehe.

Ernst spricht Thai, auch seine Kinder wachsen mit der Sprache auf. Seit seiner Ankunft habe sich viel getan, sagt er. »2004 gab es hier kaum Ausländer. Und die wenigen waren Missionare, Englischlehrer oder NGO-Mitarbeiter. Jetzt gibt es an jeder Ecke ein Café mit WLAN und viele junge Menschen aus aller Welt, auch sehr viele allein reisende Frauen.«

Gut zu wissen...

... wenn Sie Ihr Büro nach Thailand verlegen wollen

Haben Sie deutsche Kunden?

Dann sollten Sie einen Standort in Deutschland behalten. »Wir verheimlichen unseren Kunden und Partnern unser Büro in Chiang Mai nicht, aber es ist für sie schon wichtig, dass dies nur einer von drei Standorten ist«, sagt Ernst.

Sind Sie für bürokratische Hürden gewappnet?

In Thailand gibt es viele Regeln für ausländische Gründer. Sie müssen zum Beispiel mindestens 51 Prozent ihrer Firma an thailändische Investoren abgeben und für jeden ausländischen Angestellten vier Thais einstellen. Sven Ernst konnte diese Vorschriften dank eines Gründerstipendiums umgehen. Dieses zu bekommen sei mittlerweile allerdings deutlich schwieriger geworden, sagt er.

Können Sie mit kulturellen Unterschieden im Arbeitsalltag umgehen?

Sven Ernst sagt, sein Team habe sich eine gemeinsame Arbeitskultur erst erarbeiten müssen. Thailänder seien es zum Beispiel nicht gewohnt nachzufragen, wenn sie etwas nicht verstanden haben, oder trauen sich nicht, dem Chef zu sagen, wenn sie einen besseren Lösungsansatz haben.

Können Sie sich vorstellen, Thai zu lernen?

Im Geschäftsalltag komme man mit Englisch gut durch, sagt Sven Ernst, aber wer zum Beispiel die Hilfe eines Handwerkers benötigt, könne schnell an eine Sprachbarriere stoßen.

Wie stehen Sie als Arbeitgeber zu Feiertagen?

In Thailand gibt es mehr als ein Dutzend gesetzliche Feiertage. Fallen diese auf einen Sonntag, ist als Ersatz der folgende Montag für Arbeitnehmer frei. Aber: Thailänder haben dafür auch nur um die zehn Urlaubstage pro Jahr.

»Mein Herz hat über meinen Verstand gesiegt«

Fünf Hurrikane hat Petra Charles-Kühnast auf Dominica schon miter-lebt. Vor drei Jahren wurde der karibische Inselstaat fast vollständig zer-stört – und nun bleiben wegen Corona die Touristen aus. Trotzdem will die 59-Jährige nicht zurück.

Als ich noch in Köln lebte, hatte ich 62 Paar Schuhe und hätte mir niemals vorstellen können, sie gegen eine Handvoll Flipflops einzutauschen. Ich liebte meinen Job in der Filmbranche und das Kölner Nachtleben, ich war oft im Kino und in Cocktailbars, habe gutes Geld verdient und hatte ein tolles Leben. Auswandern wollte ich nie. Aber dann ist mir diese Insel, dieses Juwel, in den Schoß gefallen.

Wale und Delfine sind meine große Leidenschaft; so wie andere in jedem Urlaub reiten wollen, reise ich an Orte, an denen ich diese Tiere beobachten kann. Als ich hörte, dass es rund um Dominica zahlreiche Pottwale geben solle, war mein ers-ter Gedanke: »Das kann gar nicht sein, in der Dominikanischen Republik war ich doch schon« – und dort hatte ich keine Pottwale gesehen. Aber Dominica ist ein eigenständiger Staat in der Karibik, rund 1000 Kilometer Luftlinie von der Dominikanischen Republik entfernt. Die Insel ist rund 50 Kilometer lang und 26 Kilometer breit, Amtssprache ist Englisch.

Es war das Jahr 1999, im Internet fand ich sonst kaum Informationen über die Insel – und so bin ich einfach hingeflogen. Schon die Fahrt zu meinem Hotel begeisterte mich. Der Taxifahrer war witzig und eloquent, und es stellte sich heraus, dass er der ehemalige Chief der Kalinago war, des letzten noch existierenden Naturvolks der Karibik. Die Straße führte quer über die Insel durch den Regenwald, ich kam mir vor wie im Garten Eden.

Aber kaum angekommen, gab es für alle Gäste einen Aufruf zur Evakuierung: Ein Hurrikan war angekündigt. Ich dachte, es würde schon nicht so schlimm werden, und blieb. Dann fielen die Leguane von den Bäumen.

Verglichen mit den fünf Hurrikanen, die ich inzwischen hier erlebt habe, war dieser noch moderat, trotzdem zerstörte er Dutzende Häuser, und aus dem angrenzenden Dorf retteten sich die Menschen auf die Hotelterrasse. So war ich plötzlich mittendrin in einer Rettungsaktion. Schuhe, Kühlschränke, Kisten, ganze Hausstände trieben in den Meereswellen, und alle versuchten, so viel wie möglich herauszufischen. Jemand legte mir ein Seil um den Bauch, sagte mir, ich solle es festhalten, und schwamm los. Alle halfen einander, niemand jammerte. Mich hat das sehr beeindruckt.

Wale sah ich nicht. Die Wellen waren auch nach dem Sturm noch viel zu hoch, um rauszufahren. Aber diese Reise hat etwas mit mir gemacht. Zurück in Köln hatte ich plötzlich ein eigenartiges Gefühl der Entfremdung. All die Luxusprobleme am Filmset kamen mir auf einmal völlig belanglos vor. »Ich muss die Insel noch mal im Normalzustand erleben«, dachte ich – und flog erneut hin. Mit einigen Einheimischen hatte ich den Kontakt gehalten, andere erkannten mich wieder; es war, als würde ich nach Hause kommen. Diesmal klappte es auch mit der Wal-Tour. Ich genoss die Zeit auf der Insel und verlängerte immer wieder meinen Aufenthalt, sodass ich am Ende sechs Wochen blieb.

Ich wollte mir die Insel abgewöhnen

Zurück in Köln überkam mich ein solches Heimweh nach Dominica, wie ich es noch nie nach Deutschland hatte. Dieses Gefühl hat mich selbst überrascht. »Okay, ich fliege jetzt noch ein drittes Mal hin, dann kann ich das abhaken«, war mein Plan. Ich wollte mir die Insel abgewöhnen – und fand stattdessen meine neue Heimat.

Meine Freunde erklärten mich für bescheuert, als ich in Köln meinen Job, die Wohnung und Versicherungen kündigte. Auf Dominica gibt es keine Filmindustrie, und eine Arbeitserlaubnis bekommen Ausländer ohnehin erst nach fünf Jahren auf der Insel, es sei denn, sie sind Unternehmer und investieren – was auf mich nicht zutraf. Aber mein Herz siegte über den Verstand, und rückblickend bin ich sehr froh darüber.

Damals dachte ich, meine Ersparnisse würden zur Überbrückung der ersten fünf Jahre reichen. Was ich nicht bedacht hatte: Das Leben in einem Entwicklungsland ist teuer – zumindest, wenn man solchen Luxus wie eine Waschmaschine oder einen Flachbildfernseher haben will. Wegen der hohen Einfuhrzölle und Transportkosten zahlen wir auf Dominica für Autos und technische Geräte das Doppelte bis Dreifache des Preises im Herkunftsland. Nach drei Jahren waren meine Ersparnisse aufgebraucht, aber da hatte ich schon längst die Gelassenheit der Einheimischen angenommen und wusste: Irgendwas ergibt sich immer.

So war es schon bei meiner Ankunft mit den fünf Boxen gewesen, in denen ich mein ganzes Hab und Gut verstaut hatte. Ich hatte keine Ahnung, wo ich wohnen würde, und bekam auf einmal Angst vor meiner eigenen Courage. Der nette Taxifahrer, mit dem ich mich schon auf meiner allerersten Reise angefreundet hatte, brachte mich in meine Lieblingsbar am Hafen, und dort trank ich erst mal einen Rum-Punsch. Wie erwartet, traf ich dort auf viele Bekannte, und alle freuten sich, mich zu sehen und wollten helfen. Drei Stunden später wurde mir ein Mann vorgestellt, von dem es hieß, er habe eine Wohnung für mich.

Als blonde Frau allein zu einem Fremden ins Auto zu steigen, um mit ihm in den Regenwald zu fahren, klingt nicht nach einer besonders guten Idee. Aber ich zögerte keine Sekunde. Und tatsächlich brachte er mich zu einer netten Familie mit kleinen Kindern, die gerade ein übersichtliches Apartment fertiggestellt hatten. Dort wohnte ich zehn Jahre lang.

Es war, als hätte man auf mich gewartet. Walbeobachtungen wurden zu meinem Hobby, ich fuhr so oft raus, wie es ging und fing an, über meine Beobachtungen Tagebuch zu führen. Dominica ist eine Vulkaninsel mit steil abfallender Küste. Das Wasser wird sehr schnell sehr tief, und deshalb kommen zum Beispiel Riesenkalmare relativ nah an der Küste vor – und die sind die Lieblingsspeise von Pottwalen. Im Großraum der Insel wurden schon rund 20 Gruppen von Pottwalen identifiziert, und eine dieser Gruppen ist fast ganzjährig hier zu beobachten.

Irgendwann fragte mich der Besitzer der Whale-Watching-Firma, ob ich nicht selbst mal eine Tour moderieren wolle? Kleinere Nebenjobs sind auf der Insel auch vor Ablauf der Fünfjahresfrist erlaubt – und so fuhr ich regelmäßig raus und erklärte Touristen alles, was ich über Wale wusste. Aus diesem ersten Job ergab sich rasch der zweite: Reiseführerin für deutsche Kreuzfahrttouristen, die an einem Tag möglichst viel von der Insel sehen wollen.

Vor meiner ersten Tour war mir gar nicht bewusst gewesen, wie viel ich über Dominica weiß. In Deutschland konnte ich kaum einen Baum benennen und hatte mich nie sonderlich für Natur interessiert, hier kannte ich die exotischsten Pflanzen. Trotzdem wäre ich gar nicht auf die Idee gekommen, eine Inseltour anzubieten, wenn mich nicht eine deutsche Reisegruppe darum gebeten hätte. Die elf Freunde hatten mich im Vorjahr als Wal-Führerin kennengelernt und suchten nun jemanden, der ihnen das Landesinnere zeigte.

Die Tour wurde ein so großer Erfolg, dass ich beschloss, einen offiziellen Schein als Tourguide zu machen. Über ein Forum für deutsche Kreuzfahrttouristen und per Mund-zu-Mund-Propaganda kamen immer mehr Gäste. Aus meinem Ein-Frau-Unternehmen wurde ein richtiges Business mit sechs Mitarbeitenden. Das Geschäft lief hervorragend – bis Hurrikan Maria im Jahr 2017 die Insel zerstörte.

Telefon, Internet, Strom – nichts funktionierte mehr. Drei Wochen lang wusste meine Mutter nicht, ob ich noch lebe. Die Insel sah aus, als wäre sie von einer Atombombe getroffen worden. Manche meinten sogar, sie sei nun unbewohnbar. Dass wir noch immer hier leben, haben wir nur dem unglaublichen Zusammenhalt der Bevölkerung zu verdanken. Jeder hilft jedem, und alle zusammen haben wir dafür gekämpft, diese Insel wiederaufzubauen.

Mein kleines Häuschen war wie durch ein Wunder stehengeblieben, aber drum herum war alles verwüstet. Zehn Monate dauerte es, bis ich wieder Strom hatte. Einen weiteren, bis auch das Internet wieder ging – und nach 14 Monaten trugen die ersten Bananenbäume wieder Früchte.

Die Natur hat sich seither in einem rasanten Tempo erholt. Die Saison 2020 wäre die erste »normale« gewesen – aber dann kam die Corona-Krise. Dass nun weiter die Touristen ausbleiben, ist richtig schlimm, denn durch Hurrikan Maria sind alle Reserven aufgebraucht.

Als brave Deutsche habe ich hier 15 Jahre lang in alle Versicherungen eingezahlt, aber auch ich schaffe das nun nicht mehr. Ich versuche jetzt erst mal, eine Festanstellung zu finden. Einmal pro Woche fahre ich raus, um nach den Walen zu sehen, und gebe meine Beobachtungen ehrenamtlich an zwei Universitäten in Dänemark und Kanada weiter. Die Miete für das Boot wird von dem deutschen Verein Pottwal e.V. gesponsert, für den ich mich seit Jahren engagiere und mit dem ich auch ein Wal- und Umweltschutzprogramm für Schulkinder entwickelt habe.

Viele Kinder hier wissen nämlich gar nicht, welches Naturwunder da vor ihrer Haustür lebt. Mit meinem Unterricht war ich schon an jeder Dorfschule, die Leute hier nennen mich mittlerweile »the whale lady«, die Wal-Frau. Aber wegen Corona fallen nun auch diese Programme aus, was mir besonders wehtut.

Ich hoffe einfach, dass es irgendwie weitergeht. Zurück nach Deutschland zieht es mich nicht, trotz allem. Denn wenn ich morgens in meinem Häuschen mitten im Regenwald aufwache, geht mein Herz auf.

Ist dieses Land das richtige für mich?

Auf die Frage, welches Land zu wem passt, gibt es keine objektive Antwort. Manche Auswanderer wissen schon, dass ein Land ihnen liegt, bevor sie jemals da waren – so wie Michael Schluchtmann, der sagt: »Da war einfach dieses Gefühl, dass ich nach Grönland passe. Denn Eis und Schnee und wilde Natur finde ich großartig.« Er hatte schon viele Jahre in Dänemark und auf Island gelebt und konnte fließend Dänisch. Die Landessprache zu sprechen, ist ein entscheidender Vorteil.

Aber auch ohne Sprachkenntnisse kann Auswandern klappen – das zeigt die Geschichte von Sophie Markl.

Viele der Menschen, mit denen wir gesprochen haben, haben die Vor- und Nachteile nicht gegeneinander abgewogen, sondern aus dem Bauch heraus entschieden, wie Markl, die fasziniert war »von der Freundlichkeit der Leute, von dem besonderen Licht und den leuchtenden Farben«. Petra Charles-Kühnast kam sich im Urlaub auf Dominica vor »wie im Garten Eden«. Und Daniel Garofoli hat vor allem die Aufbruchsstimmung in Dubai imponiert: »Alle haben hier große Pläne, wollen Geschäfte machen, Geld verdienen.«

Ob ein Land das Potenzial hat, Ihre neue Heimat zu werden, können nur Sie selbst entscheiden. Probieren Sie es aus!

»Auswanderer werden wohl nie zu 100 Prozent Teil einer anderen Gesellschaft sein«

In den ersten Wochen erfahren Auswanderer oft unerwartet viel Hilfe. Doch Nachbarn und Kollegen ziehen sich meist irgendwann wieder zurück. Wie ein Neuanfang gelingen und man dauerhaft in einem anderen Land ankommen kann, erklärt Kulturanthropologe Hansjörg Dilger.

Die ersten Wochen in einem fremden Land sind immer aufregend, die meisten Auswanderer sind wohl sicher erst einmal euphorisiert. Wann sickert bei ihnen durch, dass sie Fremde sind?

Auswanderer aus Deutschland sind ja meist gut qualifiziert und wandern damit unter privilegierten Bedingungen aus. Wenn sie direkt eine Arbeit im Ausland beginnen, helfen in den ersten Wochen und Monaten oft Kollegen oder Nachbarn bei Alltags- oder Bürokratiefragen. Doch dann kann die Hilfe irgendwann nachlassen. Dieses erste Netzwerk, auf das sich Auswanderer verlassen haben, kann sich zurückziehen. Dann merken sie, dass sie noch nicht dazugehören und sich aktiv darum bemühen müssen, neue und beständige Kontakte aufzubauen.

Wie gelingt ihnen das?

Am einfachsten geht das, indem sie Kontakt zu Menschen aufnehmen, die in einer ähnlichen Situation sind, also auch ausgewandert. Dann besteht allerdings die Gefahr, dass sie sich nur in ihrer eigenen Blase bewegen. Wollen sie Kontakte außerhalb dieser Bubble aufbauen, müssen sie die Sprache des Landes beherrschen. Denn wenn sie zum Beispiel in Lateinamerika immer nur auf Englisch reden wollen, betonen sie ihr eigenes Fremdsein. Um dauerhaft Anschluss zu finden, können sie an lokalen Ereignissen teilnehmen oder sich in Kultur- oder Sportvereinen engagieren.

Aber manche Auswanderer lernen die Sprache, engagieren sich und kommen trotzdem nicht richtig an. Woran liegt das?

Wenn Auswanderer etwa von Berlin in eine Kleinstadt im mittleren Westen der USA ziehen, können sie sich dort fremder fühlen als im Zentrum Kapstadts. Es kann sein, dass sie in stark konservativ geprägten Orten nicht zurechtkommen, dort keinen sozialen Anschluss finden. Das kann sie bedrücken, sie können das Gefühl haben, dauerhaft fremd zu bleiben. Das kann auch psychisch und physisch belastend werden.

Was sollten sie dann tun?

Wenn sie merken, dass der Ort, an dem sie leben, nicht der richtige ist, gibt es die Möglichkeit weiterzuziehen. Das heißt ja nicht, gleich das Land zu verlassen, vielleicht reicht es schon, in die nächstgrößere Stadt zu wechseln.

Wovon hängt es ab, ob ein Neuanfang in einer anderen Stadt dann überhaupt noch gelingen kann?

Hier spielen viele Aspekte, über das Berufliche und Soziale hinaus, eine Rolle. Ein Neuanfang kann gelingen, wenn man sich mit dem Ungewohnten generell arrangieren kann – etwa mit anderen Kleidungsnormen, damit, dass der Familienzusammenhalt oder die Religion in einem anderen Land vielleicht wichtiger sind als in Deutschland.

An welchem Punkt sollten sich Auswanderer überlegen, zurück nach Deutschland zu gehen?

Wenn sich die Ausgewanderten so gar nicht mit den Gegebenheiten vor Ort anfreunden können, keinen Anschluss finden und unglücklich sind, werden sie vermutlich über eine Rückkehr nachdenken. Diese hängt aber nicht nur davon ab, wie sehr Auswanderer im neuen Land angekommen, sondern auch, wie die Bedingungen in der alten Heimat sind. Hat jemand seine familiären und sozialen Bindungen nach Deutschland gepflegt? Welche beruflichen Optionen gibt es nach der Rückkehr? Wie ist man versichert? Ausgewanderte können sich auch fremd fühlen, wenn sie in ihre frühere Heimat zurückkehren.

Wie sollten Auswanderer damit umgehen, wenn sie in der Fremde nicht glücklich geworden sind?

Das ist sicher von der jeweiligen Persönlichkeit und davon abhängig, wie jemand seine Bindungen während der Zeit im Ausland gepflegt hat. Und auch davon, wie man das eigene Auswandern an das soziale und familiäre Umfeld vermittelt hat. Wenn man Freunden oder der Familie das Gefühl gegeben hat, das Leben in Deutschland sei schlecht, könnte das soziale Umfeld die Rückkehr als Scheitern wahrnehmen.

Das heißt, bevor man wegzieht, sollte man die alte Heimat nicht schlechtmachen?

Genau, denn wenn man das nicht tut, wirkt es auch nicht automatisch so, als sei man im vermeintlich besseren Ausland gescheitert. Aber natürlich kann es trotzdem anhaltendes Unverständnis über die Auswanderung im sozialen und familiären Umfeld geben.

Wie schaffen es Auswanderer, dauerhaft Teil einer anderen Kultur zu werden?

Wenn Auswanderer einen guten Job gefunden und einen gewissen sozialen Status haben, werden sie mit der kulturellen Fremdheit anders umgehen können. Sie werden selbstbewusster, offener, lernen leichter Menschen kennen, werden eher Teil einer anderen Kultur. Das Kulturelle hängt immer mit dem Sozialen zusammen. Doch Auswanderer werden wohl nie zu 100 Prozent Teil einer anderen Gesellschaft werden. Auch bleiben Zugehörigkeiten in der Regel über Grenzen hinweg in die ehemalige Heimat bestehen.

Werden Auswanderer im Alter eher in der neuen Heimat bleiben oder nach Deutschland zurückkehren wollen?
Das hängt davon ab, wie gut sie im neuen Land angekommen sind, ob sie eine Familie gegründet haben und wie sie ansonsten gesellschaftlich verwurzelt sind. Im Alter, aber auch in Krisenzeiten können soziale Kontakte wegbrechen, die Belastbarkeit familiärer Bindungen und von Freundschaften wird auf die Probe gestellt. Das kann zur Überlegung führen, ob es besser ist, nach Deutschland zurückzukehren. Hier stellt sich für Auswanderer dann jedoch die Frage, welche Kontakte sie noch in der alten Heimat haben und welche bürokratischen und finanziellen Hürden es bei der Rückkehr nach Deutschland zu überwinden gilt.

Hansjörg Dilger, Jahrgang 1968, ist Professor für Sozial- und Kulturanthropologie an der Freien Universität in Berlin. Er forscht zu Migration, Transnationalität, urbaner Ethnologie sowie Anthropologie der Bildung und des Lernens in afrikanischen Ländern.

Dritter Teil

Immer dem Job nach

Conny Bartl gibt sich nicht so schnell zufrieden. Gefällt es ihr nicht in dem Land, in dem sie lebt, zieht sie um. Gefällt ihr der Job nicht, den sie hat, sucht sie einen neuen. Ihre Reise ist eine ganz besondere, denn es ist eine, die kein Ende hat. Zurzeit lebt Bartl in Katar, einem Wüstenstaat, sie arbeitet aber trotzdem für ein Unternehmen, das Expeditionen ins Polarmeer anbietet. Drei bis vier Monate im Jahr fährt sie selbst in die Antarktis. Ihre Freunde in Deutschland haben längst geheiratet, Kinder bekommen und Bausparverträge abgeschlossen. Ein Leben, das für sie nicht infrage kommt.

Auch Ingo Nehls hat seine Heimat Deutschland verlassen, weil er sich nur im Ausland beruflich verwirklichen konnte. Er wollte schon als Teenager Hubschrauberpilot werden, aber als Brillenträger hatte er in Deutschland keine Chance. Erfüllen konnte er sich seinen beruflichen Traum in den USA. Sein Arbeitsplatz lag jahrelang über dem Grand Canyon, als Hubschrauberpilot flog er Touristen über die wohl berühmteste Schlucht der Welt. Nun fliegt er Rettungshubschrauber. Nach etlichen Hürden und Rückschlägen hat er es geschafft, sich in den USA ein neues Leben aufzubauen.

Die Lebensgeschichten von Bartl und Nehls sind Lehrstücke über das Glücklichsein. Sie haben eine wichtige Botschaft: Nichts ist unmöglich. Man kann im Leben ändern, was einen stört. So hat es auch Michael Kredics gemacht, der drei Anläufe brauchte, um seinen Job bei einer Stuttgarter Werbeagentur zu kündigen. In Vietnam betreibt er nun mit seiner Freundin ein Bed & Breakfast.

Tanja und Uli Weidner sind passionierte Kletterer. Im Urlaub am Mekong fanden sie inmitten einer Karstlandschaft mit sägezahnartigen, in der Morgensonne schimmernden Felsen ein ideales Kletterrevier und beschlossen, dort ein Camp für Kletterer aus aller Welt aufzubauen. Der Plan ging auf, auch wenn die beiden viele Rückschläge erleiden mussten. Aber in der Ferne wurde ihnen klar: Heimat, das ist und bleibt Deutschland. Und deshalb leben sie nun in Franken.

Auch Matthias Bergmann und Jürgen Braunbach sind nach vielen Jahren im Ausland nach Deutschland zurückgekehrt. Bergmann hatte sein Studium der Eisenhüttenkunde in Deutschland mitten in der Stahlkrise abgeschlossen. Nur in Brasilien fand er einen passenden Job – in einer Eisenerzmine im Hinterland von Belo Horizonte. Dort verliebte er sich schnell, in das Land und in eine Frau. Zurück nach Deutschland wollte er nicht, aber wieder war es ein Job, der ihn zum Umzug trieb. Seine Rückkehr in die alte Heimat bezeichnet er als »kleinen Schock«.

Jürgen Braunbach hat mehr als 30 Jahre in Asien gelebt, nun wohnt er in Bayern. Seinen Job in einem Konzern hat er gegen eine Stelle in einem Start-up getauscht. Die Zeit sei reif gewesen für »einen Programmwechsel«, sagt er. »Das Leben ist überall anders, aber man kann auch überall gut leben.«

Anica Roch ist Managerin in der Hotelbranche. Von dort zog es sie in die Vereinigten Arabischen Emirate, und nun lebt sie auf einer Insel der Kleinen Antillen in der Karibik. An Deutschland vermisst sie nur die Kartoffelpuffer ihrer Großmutter, aber das sei kein Grund zurückzukehren. »Sonne und Strand kann ich nie genug kriegen«, sagt sie.

Jahrelang hangelte sich Thomas Schlich an deutschen Hochschulen von einer Stelle zur nächsten, bis er für seine Forschung keine Finanzierung mehr fand. Eigentlich wollte er nicht aus Deutschland weg, aber er hatte genug von der ständigen Unsicherheit. Er zog nach Kanada und erhielt eine unbefristete Stelle an einer Universität in Montreal. Inzwischen hat Schlich sogar die kanadische Staatsbürgerschaft.

Anica Roch und Thomas Schlich leben noch immer in der Ferne. Wie Bergmann und Braunbach zählen sie zu den Auswanderern, die wir im SPIEGEL schon vor vielen Jahren porträtiert haben und die nun erzählen, ob sich ihre Träume von einst erfüllt haben.

Ein Leben zwischen Sand und Eis

Conny Bartl, 39, zieht lieber alle paar Jahre in ein anderes Land, als ein Haus mit Garten zu kaufen oder Kinder zu bekommen. Zurzeit wohnt sie in Katar und pendelt für ihren Beruf in die Antarktis.

Als meine Freunde in Bayern Bausparverträge abgeschlossen, geheiratet und Kinder bekommen haben, bin ich fast jedes lange Wochenende durch Asien gereist. Ich hatte gerade meinen ersten Job in Shanghai als Sales Managerin eines Fünf-Sterne-Hotels begonnen, und meine Freunde dort wollten genau wie ich viele neue Orte kennenlernen.

Ich war Anfang zwanzig und wurde als blonde junge Frau noch von vielen Chinesen angestarrt, manche machten Fotos mit mir, und Mütter fragten mich, ob ich ihr Baby halten könnte, weil sie es toll fanden, dass eine Europäerin es auf dem Arm hat, das war etwas Außergewöhnliches. Ungefähr 16 Jahre ist das jetzt her.

Ich liebte Shanghai damals, alles war in Bewegung, ständig war etwas los. Doch nach drei Jahren begann ich, die Natur und die Ruhe zu vermissen. Als mich die Brunches und Massagen in den Luxushotels nervten, wusste ich, dass ich woandershin musste. Ich bin damals für zwei Wochen nach Australien geflogen, stieg in Melbourne aus dem Flugzeug und sah zum ersten Mal seit Jahren wieder knallblauen Himmel. Ich verliebte mich sofort in diese grüne Stadt am Meer mit dem europäischen Flair, und mir war

CARINA WENZEL arbeitet in Rarotonga als Tauchlehrerin. Sie sagt, auf den Cookinseln brauche sie nicht viel, um glücklich zu sein.

ANNETTE HORSCHMANN kam als Backpackerin nach Sumatra, verliebte sich in einen Einheimischen und blieb. Der Tobasee, an dessen Ufern sie mit ihrer Familie lebt, ist der größte Kratersee der Welt.

LUTZ RAHE hat seine Freundin in einem Internetforum kennengelernt, in dem er sich eigentlich nur angemeldet hatte, um sein Englisch zu verbessern. Jetzt lebt er bei ihr in Singapur.

ULI MANS ist seiner Frau nach Washington D. C. gefolgt. Schon nach dem Abi wollte er raus aus Deutschland.

»Mein Leben spielt sich jetzt draußen ab«, sagt **VERONIKA LA FORTUNE**. Sie hat auf der Karibikinsel Tobago einen Reiterhof aufgebaut.

Großer Traum Peru: Seit einigen Jahren lebt die gebürtige Berlinerin **ANTONIA SCHWOCHE** in Arequipa, der zweitgrößten Stadt des Landes.

Vom Entwicklungshelfer zum Tropenland-wirt: **CLEMENS FEHR** wohnt seit 1999 in Uganda, Vanille baute er zunächst nur als Hobby an. Jetzt hat er eine eigene Plantage.

FIONA KAU ist nach Mauritius ausgewandert: Ihre Wochenenden ähneln dort oft einem Traumurlaub.

MARCUS RICHTER ist von Jena nach Hawaii gezogen: »Hier teilt man seine positive Energie, hier herrscht tatsächlich dieser Aloha-Gedanke vor.«

KARIN HASS ist mit einem Pelztierjäger vom Volk der Ewenken verheiratet. Fließendes Wasser haben die beiden in ihrem Haus in Sibirien nicht.

SOPHIE MARKL am Meer: Als sie im Senegal ankam, liefen die Kinder erst einmal vor ihr weg, weil sie noch nie eine Weiße gesehen hatten.

MICHAEL SCHLUCHTMANN lebt seit zehn Jahren in Nuuk, der Hauptstadt von Grönland. »Meine Karriere wäre in Deutschland wohl nicht so rasant verlaufen«, sagt er.

MIRIAM MILORD kam als Studentin nach New York und machte sich dort als Konditorin selbstständig. Als Spezialistin für ausgefallene Torten hat sie sich im ganzen Land einen Namen gemacht.

MAURICE JONES organisiert in Tokio Festivals für elektronische Musik. In der Metropole könne er jeden Tag etwas Neues entdecken und die Lebensqualität sei sehr hoch.

DANIEL GAROFOLI zog mit ein paar Hundert Euro in der Tasche nach Dubai, nun arbeitet er als Immobilienmakler und wohnt im Burj Khalifa.

Zwei Wochen wollte **KAI ZAUNICK** in Lima bleiben. Dann verliebte sich der Informatiker – in die Stadt, in eine Frau und in eine Geschäftsidee.

SVEN ERNST lebt mit seiner Familie in Chiang Mai in Thailand. In Deutschland machen sie regelmäßig Urlaub – und freuen sich dort im Winter über Schnee.

PETRA CHARLES-KÜHNAST versucht auf Dominica, Schulkinder für Umweltschutz zu begeistern. Sie kam für eine Urlaubsreise auf die Karibikinsel – und fühlte sich so wohl, dass sie nicht mehr wegwollte.

CONNY BARTL wohnt in Katar, arbeitet aber mehrere Monate im Jahr in der Antarktis und ist immer noch fasziniert von der atemberaubenden Eiswelt.

INGO NEHLS ist für seinen Traumjob in die USA gezogen. Hier hat er Touristen über den Grand Canyon geflogen. Jetzt arbeitet er als Rettungshubschrauberpilot.

MATTHIAS BERGMANN zog 1994 nach Brasilien, um dort in einer Eisenerzmine zu arbeiten, und gründete eine Familie – mit der er nun nach Deutschland zurückgekehrt ist. »Der Umzug war ein kleiner Schock.«

CHRISTIANE UND JAN TEERLING hatten in Niedersachen eine Wildfarm, konnten dort aber nicht expandieren. Im kanadischen Nova Scotia haben sie nun zehnmal so viel Platz.

Die McGill-Universität in Montreal ließ
THOMAS SCHLICH zum Vorstellungsgespräch einfliegen und bot ihm dann
einen Job an – unbefristet.

MICHAEL KREDICS hat drei Anläufe
gebraucht, bis er wirklich kündigen
konnte. Jetzt lebt er in Vietnam und
betreibt sein eigenes Bed & Breakfast.

Acht Jahre lang lebten
**TANJA UND ULI WEID-
NER** in einem Tal in Laos,
zwölf Kilometer von der
nächsten Stadt entfernt,
und betrieben dort ein
Klettercamp – das ihnen
zweimal abbrannte.

JÜRGEN BRAUNBACH
hat für einen deutschen
Logistikkonzern einen
Standort in Vietnam
aufgebaut. Mehr als
30 Jahre lang lebte er
in Asien, nun hat er sich
Bayern als neue Heimat
ausgesucht.

ANICA ROCH arbeitet
als Hotelmanagerin auf
Anguilla, einer Insel der
Kleinen Antillen in der
Karibik. Ihre vorherigen
Arbeitsplätze waren
Luxushotels in den Arabi-
schen Emiraten und auf
den Malediven.

JENS GÖNNEMANN lebt in Australien und fährt morgens vor der Arbeit manchmal durch den Hafen von Sydney.

JOSEFINE LOEWE genießt die Freiheit des mobilen Arbeitens. Sie ist bei einer deutschen Firma angestellt – und reist seit zwei Jahren als Digitale Nomadin um die Welt.

Ayudha Puja ist in Indien ein besonderer Feiertag: Priester segnen die Arbeitsgeräte. **GERD HÖFNER** hat als Chef des Siemens-Büros in Bangalore bei der Prozedur eine Sonderstellung und muss assistieren.

TIA PELZ wanderte mit ihrem Mann und zwei kleinen Kindern nach Kalifornien aus. Die Pastorin hält ihre Gottesdienste zur Zeit über Zoom ab.

KEVIN JOHANNES WÖRNER zog ohne Job und mit viel Mut nach Shanghai. Sein Plan ging auf: Inzwischen berät er Unternehmen aus aller Welt, wie sie auf dem chinesischen Markt Fuß fassen können.

Ihre Wohnung in Hamburg haben sie aufgegeben, ihre Jobs haben sie behalten: **MAREN WAGENER** und ihr Mann Matthias arbeiten von einem Segelboot im Mittelmeer aus.

MARKUS SCHMID hat in Nicaragua eine Kakao- plantage aufgebaut. Eigentlich sollte er nur zwölf Monate dort arbei- ten – daraus wurden sieben Jahre.

AMIN BEN SAID hat sein Homeoffice kurzent- schlossen nach Sizilien verlegt. Einen Monat lang arbeitete er auf einer Veranda mit Blick auf Mandel- und Oliven- bäume.

klar: Hier will ich leben. Also beschloss ich, meinen Urlaub dafür zu nutzen, mir in Australien einen Job zu suchen.

Anstatt zur Great Ocean Road fuhr ich in ein Einkaufszentrum und kaufte mir einen Hosenanzug. Anschließend klapperte ich ein Fünf-Sterne-Hotel nach dem nächsten ab: Ich ging zum Hotel-Empfang und bat um ein Gespräch mit dem Personal- oder dem Sales-und-Marketing-Leiter. Tatsächlich hatte ich so in den zwei Wochen 30 Vorstellungsgespräche in Melbourne und Sydney, wo ich ohnehin den zweiten Teil meines Urlaubs verbringen wollte.

Meine Gesprächspartner schätzten meinen Mut, doch die Antwort war immer die gleiche: Sie könnten mich wegen der schwierigen Einwanderungsregeln und Visumsbestimmungen nicht einstellen. Also flog ich zurück nach Shanghai und tröstete mich damit, es wenigstens probiert zu haben.

Eine Woche später erhielt ich einen Anruf von einem Hotelmanager. Er sagte mir, er fand meine Eigeninitiative toll und würde mich trotz aller Hürden gerne für einen Job in Brisbane einstellen. Dort hatte der Hotelmanager keinen geeigneten australischen Kandidaten gefunden, und so war es leichter, ein Visum für mich zu beantragen. Ich sagte sofort zu, ohne die Stadt zu kennen. Zwei Monate musste ich noch in Shanghai arbeiten, bis meine Kündigungsfrist durch war, und dann zog ich nach Australien.

Nach zwei Jahren in Brisbane wechselte ich nach Melbourne und lernte dort meinen damaligen Freund kennen. Ich fühlte mich in Australien wohl, die Lebensqualität ist hoch, wir hatten einen tollen Freundeskreis. Doch nach sechs Jahren Beziehung, ich war Mitte 30, kam für mich die große Lebensfrage: Will ich Kinder und ein Häuschen mit Garten – oder will ich weiter durch die Welt ziehen?

Im Ausland lebe ich viel intensiver als in Deutschland

Ich bin in einem kleinen Dorf in Oberbayern aufgewachsen. Meine Eltern haben mich schon als Kind an Orte mitgenommen, die damals nicht auf der konventionellen Reiseroute der Deutschen lagen. Deswegen waren mir schon immer Erfahrungen und Erinnerungen wichtiger als Stabilität und Besitztümer.

In der elften Klasse bin ich zum ersten Mal allein ins Ausland. Nach sechs Monaten in einem Wohnwagen mitten im Nirgendwo des US-Bundesstaates Michigan habe ich mir eine neue Gastfamilie gesucht. Vielleicht hat mich diese Erfahrung gelehrt, in schwierigen Zeiten durchzuhalten und für meine Ziele zu kämpfen. Studiert habe ich in den USA und in Hongkong einen MBA gemacht. Als Mädchen vom Land hat mich die Energie dieser Mega-Metropole fasziniert. Hier wurde mir bewusst, dass ich im Ausland viel intensiver lebe als in Deutschland.

Ich habe sehr lange mit der Kinderfrage gehadert, dann habe ich mir eine Auszeit gegönnt und bin mit meiner Mutter für eine Kreuzfahrt in die Antarktis geflogen. In diesen zehn Tagen am Ende der Welt, umgeben von atemberaubenden Landschaften, Pinguinkolonien, Robben und Walen, habe ich nur auf mich selbst gehört und die Meinungen anderer komplett ausgeblendet: Die Freiheit, die Erfahrungen, aber auch die Herausforderungen, die ich in neuen Ländern erlebe, erfüllen mich. Ein paar meiner Freunde dachten, ich hätte eine Midlife-Crisis, aber ich habe damals in der Stille der Antarktis ganz deutlich erkannt, was ich wirklich vom Leben will.

Weil mich die Antarktis so in ihren Bann gezogen und mich die Leidenschaft des Expeditionsteams so begeistert hat, setzte ich mich mit der Reederei in Verbindung, mit der ich die Reise unternommen hatte. Ich kündigte meinen Job in Australien, beendete meine Beziehung und erwarb die Qualifikationen für einen Job bei dem Expeditionsunternehmen: Ich machte einen Erste-Hilfe-Kurs, einen Motorboot-Führerschein und einen gesundheitlichen Marine-Eignungstest. Und ich lernte, wo wie viele Menschen in der Arktis an Land gehen dürfen, wie man sich verhält, wenn einem eine angriffslustige Pelzrobbe begegnet (langsam zurückgehen, Augenkontakt halten und zwei Steine aufeinanderschlagen, weil sie das Geräusch nicht mögen), oder was man tun muss, wenn vor dem Schlauchboot plötzlich ein Buckelwal auftaucht (100 Meter Abstand halten, Motor ausschalten, nicht laut reden und warten, bis der Wal vorbeigeschwommen ist).

Nach einem monatelangen Bewerbungsprozess stellte mich die Reederei als Passenger Service Manager im Expeditions-Team ein. Ich bin für die Qualitätsstandards zuständig und muss gewährleisten, dass die Gäste an Bord zufrieden sind und es ihnen gut geht.

Drei bis vier Monate bin ich dafür auf dem Schiff in der Antarktis unterwegs, die restlichen Monate arbeite ich von meinem Homeoffice in Katar aus und betreue vor allem Kunden in Europa und Australien. Leider musste die Antarktis-Saison 2020 / 21 wegen Corona gecancelt werden, aber 90 Prozent unserer Buchungen haben sich einfach um ein Jahr auf die nächste Saison verschoben.

Seit zwei Jahren lebe ich in Doha und pendle quasi zwischen Sand- und Eiswüste hin und her. Inzwischen bin ich auch verheiratet. Kurz bevor ich Australien verlassen hatte, bin ich mit meinem jetzigen Mann zusammengekommen. Wir führten erst eine Fernbeziehung, und dabei stellte sich heraus, dass er ein ähnliches Lebenskonzept hatte wie ich – also viel reisen und in anderen Ländern leben. Mein Mann ist Australier und bekam 2018 einen Job in Katar, und ich bin ihm gefolgt, weil ich meine Arbeit von überall aus erledigen und in die Antarktis reisen kann. Eigentlich wollte ich nie heiraten, aber in Katar ist es gegen das Gesetz, unverheiratet als Paar zusammenzuleben. Mit der Eheurkunde muss ich nun nicht mehr mit einem Touristenvisum ein- und ausreisen und brauche keine Angst zu haben, dass sie uns ins Gefängnis stecken, weil wir unrechtmäßig zusammenleben.

Katar ist momentan mein Zuhause, aber wir wollen bald weiterziehen – unser Traum ist es, irgendwann in Japan zu leben. Wir halten es hier gut aus, aber die Sommer sind schon eine echte Herausforderung. Es kann bis zu 50 Grad heiß werden und das bei einer Luftfeuchtigkeit von 80 Prozent. Man zerläuft schon, wenn man nur die Straße überquert. Wir versuchen daher, viel drinnen zu bleiben und ein, zwei Monate Urlaub in Europa zu machen.

Katar ist das erste Land, in dem es mir schwerfiel, mit den Einheimischen in Kontakt zu kommen. Die Expats leben hier wie in einer Mini-Uno unter sich. Die einzigen Kataris kennen wir über die Arbeit meines Mannes. Wahrscheinlich werde ich nur eine einheimische Freundin aus diesem Land mitnehmen.

Da Katar ein muslimisches Land ist, gibt es einige Regeln, die wir beachten müssen: Alkohol darf man nicht in der Öffentlichkeit trinken, und nach einem Barbesuch sollte man sich einen vertrauenswürdigen Fahrer nehmen, um nicht bei der Polizei abgesetzt zu werden. Männer und Frauen müssen beim Arzt in unterschiedlichen Wartezimmern Platz nehmen. Ausländische Männer sollten ausdrücklich vermeiden, mit einer katarischen Frau in den Fahrstuhl zu steigen. Und wenn man Arbeitskollegen am Wochenende in einem Einkaufszentrum trifft, sollte man sie nicht ansprechen, dann stört man die Familienzeit, verletzt ihre Privatsphäre.

Als Frau allein kann ich mich aber überallhin bewegen. Ich habe schon ein paarmal mein Handy oder Portemonnaie verloren, und immer kamen die Sachen wieder heil zu mir zurück. Da fühle ich mich im Frankfurter Bahnhofsviertel deutlich unwohler.

Solange wir noch hier sind, genieße ich die kleinen Momente in Doha. Es gibt tolle Museen, kulturelle Feste und großartige Restaurants. Trotz Corona hat alles geöffnet. Wir dürfen uns unbeschränkt bewegen, müssen aber eine Maske tragen. Vor allem die Wintermonate sind ein Traum, wir unternehmen Wochenendausflüge in die Wüste oder ans Meer, und abends sitzen wir oft im Souq, einem Marktviertel, und schauen uns die Kataris an, die ihre Falken umhertragen. Dann ruft der Imam zum Abendgebet, und wir fühlen uns wie in Tausendundeiner Nacht.

Vier Mal am Tag über den Grand Canyon

Ingo Nehls wollte schon als Teenager Hubschrauberpilot werden, aber als Brillenträger hatte er in Deutschland schlechte Chancen. Seinen beruflichen Traum erfüllte sich der 45-Jährige stattdessen in den USA.

Vor 13 Jahren habe ich meinen Job als Programmierer bei einer Hamburger Werbeagentur gekündigt und bin in die USA geflogen, um dort Hubschrauberpilot zu werden.

Schon bei der Musterung mit 17 hatte ich gesagt, dass ich unbedingt irgendwann bei der Bundeswehr Hubschrauber fliegen will. Das ging allerdings nicht, weil ich eine Brille trug. Also entschied ich mich für den Zivildienst. Danach habe ich erst mal meine IT-Karriere verfolgt. Erst als ich durch meine damalige Freundin, eine Krankenschwester, einige Rettungshubschrauberpiloten kennenlernte, wurde mir wieder bewusst, wie sehr ich sie um ihren Job beneidete. Leider ist es in Deutschland sehr teuer und schwierig, die Ausbildung privat zu absolvieren.

Doch die Piloten aus dem Krankenhaus gaben mir einen Tipp: In den USA gebe es viele Flugschulen, und meist könne man nach der Ausbildung gleich als Lehrer dort einsteigen. Ich bewarb mich also bei einer Flugschule im US-Bundesstaat Oregon, füllte für das Visum unzählige Papiere aus und ließ mich bei der amerikanischen Botschaft durchleuchten. Die wollten ganz genau wissen, wo ich in den vergangenen zehn Jahren überall war und was ich gemacht hatte.

Bevor ich alles aufgab, um in die USA aufzubrechen, musste ich aber noch eine Sache erledigen: wenigstens einmal selbst in einem Hubschrauber mitfliegen – das hatte ich zuvor noch nie gemacht. Ich buchte einen Flug, und nach einer Stunde war es um mich geschehen.

Natürlich ist die Ausbildung in den USA auch nicht kostenlos. Für meine fünf Fluglizenzen – darunter die Berufspilotenlizenz und die Fluglehrerlizenz –, die ich in 15 Monaten erlangte, zahlte ich insgesamt um die 70 000 Euro. Hinzu kamen etwa 30 000 Euro für Miete und Lebensmittel.

Als ich im April 2009 fertig war, ging es in den USA gerade wirtschaftlich den Bach runter. Und weil ich keine Stelle als Fluglehrer bekam, fuhr ich drei, vier Monate lang die komplette Westküste hoch und runter und stellte mich bei jeder Flugschule vor, die es dort gab.

Leider erhielt ich überall nur Absagen. Ich dachte damals, na toll, du hast deinen Job gekündigt, viel Geld ausgegeben, und jetzt stehst du vor dem Nichts.

Mein Mitbewohner, der mit mir die Ausbildung gemacht hatte, hatte das gleiche Problem. Zum Glück lernten wir dann über eine gemeinsame Freundin einen Millionär kennen, der sich einen Hubschrauber kaufte. Den mieteten wir einfach ab und zu von ihm, und mein Mitbewohner und ich gründeten schließlich unsere eigene Firma für Hubschrauber-Rundflüge.

Das war ziemlich kompliziert. Wir mussten einen Businessplan schreiben, ein neues Visum beantragen. Nach mehr als einem halben Jahr waren wir so weit und konnten starten. Das erste Jahr haben wir allerdings fast kein Geld verdient, deshalb stieg mein Partner aus. Ich wollte weitermachen und verkaufte deswegen meine Wohnung in Hamburg.

Zu der Zeit lernte ich meine jetzige Frau Holly kennen, eine Buchhalterin, die später in die Firma mit einstieg. Zusammen haben wir es geschafft. Bis Mitte 2017 boten wir unzählige Rundflüge in Oregon an. Das Geschäft lief richtig gut. Unsere Flüge kosteten zwischen 40 und 800 Dollar pro Person.

Die langen Flüge gingen nach Portland, über den Columbia River, über Berge und Vulkane. Wir flogen zu Weingütern und boten Hochzeitsflüge an, bei denen wir das Brautpaar von der Feier zum Flugzeug brachten. Das hat viel Spaß gemacht, aber Holly und ich arbeiteten sieben Tage die Woche nonstop. Im Jahr 2016 übernahmen wir auch das Flughafenbüro in McMinnville, einer kleinen Stadt nahe Portland. Das war ein Anlaufpunkt für alle, die am Flughafen landeten und zum Beispiel Flugbenzin brauchten oder einen Leihwagen. Eine Flugschule war auch mit angeschlossen.

Doch dann fingen die Probleme an, der Hubschrauber des Millionärs musste gewartet werden, und die amerikanische Flugbehörde schloss den Flughafen, weil die Landebahn erneuert werden musste. Wir hatten also weder Flughafen noch Hubschrauber und nach sechs Monaten kein Geld mehr. Wir mussten unser Unternehmen verkaufen – und sind da zum Glück mit einem kleinen Gewinn rausgekommen.

Neuanfang in Las Vegas

Als meine Frau und ich anschließend in Las Vegas Urlaub machten, habe ich mich dort gleich bei mehreren Rundflugfirmen vorgestellt und meinen Lebenslauf hinterlassen. Ein paar Tage später bekam ich tatsächlich eine E-Mail von einer großen Firma, und nach einem Skype-Interview hatte ich den Job: Ich sollte in Las Vegas Touristen herumfliegen.

Wir suchten uns eine Vier-Zimmer-Wohnung fernab vom Strip, der Hauptstraße der Stadt, wo die ganzen Hotels und Casinos stehen. 1400 Dollar kostet die Miete im Monat. Das finde ich okay – zumal es in unserer Wohnanlage einen Pool und einen Whirlpool gibt.

Um hier klarzukommen, braucht man ein Auto und viel Geduld, denn ich habe das Gefühl, dass die Ampeln hier länger auf Rot stehen als anderswo. Aber Flüge von und nach Las Vegas sind immer relativ günstig, sodass wir gut überallhin kommen. Am Anfang fand ich das Leben hier schon etwas oberflächlich, war aber auch begeistert von den Tausenden Möglichkeiten, die sich plötzlich boten: Abends konnten wir wählen, ob wir uns eine Show ansehen, in einem Fünf-Sterne-Restaurant essen oder einfach nur zum Mexikaner um die Ecke gehen. Und wir haben durch unsere Kollegen schnell Anschluss gefunden. Mit ihnen sind wir wandern gegangen, ins Kino oder bowlen. Ins Casino eher selten.

Nachts flog ich die Leute über die Stadt und tagsüber durch den Grand Canyon. Manchmal vier Mal am Tag, fünf Tage die Woche. Es war mein absoluter Traumjob! Jeder Flug ist anders und sehr beeindruckend. Meist scheint die Sonne, und jeder Tourist erzählt dir eine andere Geschichte. Aber mit dem Ausbruch des Coronavirus war es damit leider vorbei. Die Touristen blieben aus – und mir wurde gekündigt. Auch meine Frau verlor ihren Job bei einer Event-Firma.

Drei Monate lang habe ich für einen Großhandel gearbeitet, dann fand ich zum Glück einen neuen Job: Demnächst fange ich als Rettungshubschrauberpilot in Roswell, New Mexico, an.

Nach Deutschland möchte ich nicht zurück. Nur, falls ich hier nicht mehr fliegen könnte.

»Das erste Jahr war hart für uns«

Er tanzte Samba, schwärmte von den Brasilianern und dem tollen Wetter.
Sieben Jahre später lebt Matthias Bergmann, 52, mit Frau und Tochter in
Bad Homburg. Was ist passiert?

Matthias Bergmann hatte gar nicht auswandern wollen. Aber in
Deutschland fand er keinen Job. Das Studium der Eisenhüttenkunde hatte er in den Neunzigerjahren abgeschlossen, mitten in
der Stahlkrise. Auf 50 Bewerbungen kam nur eine Einladung –
von einer Firma, die Eisenerzminen im Ausland verwaltet. Bergmann konnte wählen zwischen Liberia oder Brasilien. Von beiden
Ländern war er wenig begeistert, aber er nahm den Job in Brasilien an.

Wir haben vor sieben Jahren zum ersten Mal über Bergmann
berichtet. Damals wohnte er in Belo Horizonte, schwärmte von
den herzlichen Menschen, der tollen Musik und dem herrlichen
Wetter. »Trotz der vielen Probleme im Land möchte ich nicht
mehr weg«, sagte er damals.

Heute lebt Bergmann mit seiner Familie in Bad Homburg im
Taunus.

Er ist zum zweiten Mal der Arbeit hinterhergezogen. »Der
Umzug war die einzige Möglichkeit, in meiner Firma zu bleiben«,
sagt er. Seinem Arbeitgeber, einem deutschen Anlagenbauer für
die Metallindustrie, war der wichtigste Kunde abhandengekom-
men: ein Bergbauunternehmen, das 2015 für die bis dahin größte

Umweltkatastrophe in der Geschichte Brasiliens verantwortlich war. Wegen völlig unzureichender Sicherheitsmaßnahmen waren zwei Dämme des Klärbeckens einer Eisenerzmine gebrochen. Der giftige Klärschlamm begrub ein ganzes Dorf; 19 Menschen kamen ums Leben, ein Fluss wurde verseucht.

Das Bergbauunternehmen wurde geschlossen, und für Bergmann gab es in Brasilien nichts mehr zu tun. Sein Chef bot ihm einen Wechsel in die Zentrale in Oberursel bei Frankfurt an. »Wir hatten uns das Leben in Deutschland schön ausgemalt«, sagt Bergmann. »Aber der Umzug war dann doch ein kleiner Schock.«

Aus der knapp Drei-Millionen-Metropole Belo Horizonte zog Bergmann mit seiner brasilianischen Ehefrau und den beiden halbwüchsigen Kindern zunächst nach Neu-Anspach, ein Städtchen mit 15 000 Einwohnern. Schnell war klar: Hier würden sie nicht glücklich werden. Zu viel Wald, zu wenige Geschäfte und kulturelle Angebote. Aber nicht nur der Wohnort war eine Herausforderung.

Der damals 15 Jahre alte Sohn Eric fand den Anschluss in der Schule nicht. »Ich habe versucht, ihm zu helfen, aber bei mir ist der Stoff ja auch schon 30 Jahre her«, sagt Bergmann. Enttäuscht ist er vor allem von den Lehrern. »Mein Sohn wurde behandelt, als seien wir aus einer anderen deutschen Stadt hergezogen. Klar, er hat einen deutschen Pass, aber sein Deutsch ist holprig. Viele Fächer waren neu für ihn. Ich hatte schon erwartet, dass ihm da bei der Integration geholfen würde.«

Zu zweit auf sechs Quadratmetern

Ohne das Wissen seiner Eltern organisierte Eric die Rückkehr an seine alte Schule in Belo Horizonte. Wohnen würde er bei seinem Kumpel, eröffnete er ihnen. »Wir kannten die Eltern seines Freundes gar nicht«, sagt Bergmann. Aber nach einem Skype-Gespräch einigten sie sich: Eric würde allein nach Brasilien zurückkehren, die Eltern seines Freundes alle Vollmachten bekommen. »Ich konnte zum ersten Mal nachfühlen, wie sich meine Eltern damals gefühlt haben müssen, als ich nach Brasilien gegangen bin«, sagt Bergmann. »Das war total hart für uns, richtig schlimm.«

Was er erst später erfuhr: In der Familie von Erics Freund war eigentlich gar kein Platz für Eric. Er und sein Kumpel teilten sich ein sechs Quadratmeter großes Zimmer, ein Bett, einen Schrank, einen Schreibtisch. Um die Wohnsituation zumindest etwas zu verbessern, schaffte die Familie ein Stockbett an. »Es ist Wahnsinn, was sie da auf sich genommen haben«, sagt Bergmann. »Aber langfristig konnte das nicht funktionieren.«

Um seinem Sohn trotzdem den Schulbesuch in Brasilien zu ermöglichen, reduzierte Bergmann seine Arbeitszeit. Drei Monate kann er seither pro Jahr am Stück freinehmen. Diese verbringt er bei Eric in Brasilien, seine Frau bleibt oft noch länger. Sie mieten eine Wohnung. Rund 800 Euro zahlen sie jeden Monat für Miete und Schulgeld, und »dazu kommen noch die Flüge«, sagt Bergmann.

Auch der Tochter fiel der Neustart in Deutschland schwer. Die damals 18-Jährige hatte gerade in Brasilien die Schule beendet und wollte nun Nanotechnologie studieren. Doch der brasilianische Abschluss wird in Deutschland nicht ohne Weiteres anerkannt.

Der einzige Weg an deutsche Universitäten geht über ein sogenanntes Studienkolleg: Das sind einjährige Kurse, die von verschiedenen Universitäten angeboten werden und mit einer Prüfung abschließen. Zusammen mit Hunderten Bewerbern aus aller Welt trat Bergmanns Tochter an – und fiel durch.

»Das erste Jahr war hart für uns«, sagt Bergmann.

Eine Ausbildung zur Hotelfachfrau brach seine Tochter ab, heuerte stattdessen bei Aldi an. Und fand Spaß an der Arbeit. »Sie ist jetzt im dritten Lehrjahr und fest entschlossen, sich bis zur Filialleiterin hochzuarbeiten«, sagt Bergmann. »Obwohl sie eigentlich ganz andere Pläne hatte, ist sie jetzt glücklich in Deutschland.«

Der Sohn hat mittlerweile sein Abitur in Belo Horizonte bestanden und studiert nun Sport in Londrina, einer Großstadt im Süden Brasiliens. Nach Deutschland will er auf keinen Fall zurück. Bergmann sieht das gelassen. »Ich liebe Brasilien noch immer«, sagt er.

Gut zu wissen

Tipps für Rückkehrer mit Familie

Erkundigen Sie sich, welche Dokumente in Deutschland anerkannt werden

Matthias Bergmann ist noch immer fassungslos, dass seine Frau mit ihrem brasilianischen Führerschein in Deutschland nur sechs Monate lang Auto fahren durfte. Nun, nach Ablauf der Frist, muss sie erst die theoretische und praktische Fahrprüfung bestehen, bevor sie wieder hinters Steuer darf. »In Italien und Portugal darf sie noch fahren«, sagt Bergmann. »Das ist doch absurd.«

Legen Sie Ihre Rückkehr aufs Frühjahr

Er habe unterschätzt, wie sehr das deutsche Wetter seiner Familie zu schaffen machen würde, sagt Bergmann. Wer an nasskalte Herbst- und Wintertage und frühe Sonnenuntergänge nicht gewöhnt ist, wird sich schwertun mit einem guten Neustart in der zweiten Jahreshälfte.

Vermeiden Sie Dienstreisen

Mit seinem Arbeitgeber hatte Matthias Bergmann ausgehandelt, die ersten drei Monate keine Dienstreisen unternehmen zu müssen. Doch im Anschluss war er dann praktisch nur noch unterwegs, und Frau und Kinder fühlten sich in der noch fremden Umgebung alleingelassen.

Kalkulieren Sie hohe Mieten ein

Matthias Bergmann zahlt nun dreimal so viel Miete wie in Belo Horizonte.

Eine Farm zieht um

Das Geschäft mit Wildfleisch lief gut. So gut, dass Christiane Teerling, 45, und ihr Mann Jan gern expandiert hätten. Doch dafür fehlte ihnen der Platz. Im kanadischen Nova Scotia fanden sie die Farm ihrer Träume. Der Umzug fiel mitten in die Corona-Krise.

Unser Hund Chester war am Frankfurter Flughafen schon eingecheckt, als es plötzlich hieß: Nein, die Einreise wird doch nicht genehmigt. Mein erwachsener Sohn wollte mit dem Hund nach Kanada nachfliegen. Und ich war von unserem neuen kanadischen Zuhause schon losgefahren, um die beiden am Flughafen in Québec abzuholen. Als mich der Anruf erreichte, dass sie gar nicht im Flieger sitzen, hatte ich schon die Hälfte der 1000 Kilometer weiten Strecke zurückgelegt und die Grenze zum nächsten kanadischen Bundesstaat überquert, was bedeutete, dass ich nach der Rückkehr 14 Tage auf unserer neuen Farm in Quarantäne bleiben musste. Und da war es wieder, dieses Gefühl, in einem System gefangen zu sein, dass nichts mehr mit Menschen zu tun hat.

Zu der Farm, die wir in Nova Scotia gekauft haben, gehört ein 1000 Hektar großes Grundstück mit Wald und eigenem See. Wir wollen dort eine Bisonherde halten, selbst schlachten und das Fleisch verarbeiten. Die nötige Erfahrung und die Maschinen dafür bringen wir mit: Fast zehn Jahre lang hatten wir in Niedersachsen eine Wildfarm mit Schlachterei und Hofladen. Das Geschäft lief gut, hochwertiges Fleisch ist gefragt, aber wir konnten nicht expandieren, weil uns der Platz fehlte. Es wurde uns einfach zu eng.

Unser Traumziel war eigentlich Neuseeland. Auf Immobilienportalen schauten wir immer wieder nach passenden Höfen, und eines Tages entdeckte mein Mann ein Foto unserer heutigen Farm. Dass die gar nicht in Neuseeland, sondern in Kanada ist, stellten wir erst auf den zweiten Blick fest. Aber dann dachten wir uns: Na gut, warum nicht?

Wir engagierten einen Hamburger Immobilienmakler, der auf die Vermittlung von Inseln, Grundstücken und Häusern im Ausland spezialisiert ist, und ließen uns einen Besichtigungstrip in Kanada organisieren. Vier Farmen schauten wir uns an, und bei dieser wussten wir sofort: Die ist es!

Wir nahmen Kontakt zur kanadischen Handelskammer auf, und schnell erreichten uns Hilfsangebote von allen möglichen kanadischen Institutionen. Überall wurden wir mit offenen Armen empfangen – klar, wir wollten ja auch eine große Summe investieren und Arbeitsplätze schaffen. Aber dass dann, wenn wir wirklich Hilfe brauchen, niemand da sein würde, hätte ich nicht erwartet. Das hat mich wirklich erschreckt.

Die Familie wurde getrennt

Sechs Monate lang saßen der jüngere Sohn und ich mit einem Touristenvisum auf unserer Farm in Kanada fest und mein Mann und der ältere Sohn mehr als 5000 Kilometer entfernt auf unserem Hof in Niedersachsen – weil die kanadische Arbeitserlaubnis fehlte, für die wir längst alle nötigen Papiere vorgelegt hatten.

Eigentlich hatten wir im Frühling 2020 nur ein paar Wochen in Kanada bleiben wollen, um die ersten Container entgegenzunehmen und den weiteren Umzug zu organisieren. Aber dann kam der Lockdown, nichts ging mehr. Und unsere Familie war plötzlich getrennt.

Wegen der Corona-Krise wurden von der kanadischen Regierung ständig neue Vorschriften zur Einreise erlassen, die wohl noch nicht mal mehr die Botschaftsmitarbeiter verstanden. Niemand konnte uns sagen, warum wir unsere Visa nicht bekamen. Unser älterer Sohn war in Deutschland schon von der Schule ab- und in Kanada angemeldet. Trotzdem durfte er nicht einreisen. Und natürlich stockte auch der Verkauf unseres Wildhofs in Niedersachsen.

Der Elfjährige und ich haben den Sommer über auf der Farm so viel gemacht wie möglich: Wege angelegt, die Wiese gemäht, Heuballen gepresst. Wie man die Ballenpresse repariert, hat mein Mann uns übers Telefon erklärt. Und auch die Nachbarn haben geholfen, wo es ging.

Unsere Landmaschinen hatten wir mit Containern verschickt. Bei der Einfuhr wird penibel überprüft, dass keine Erde daran haftet, damit keine Keime nach Kanada eingeschleppt werden. Unglücklicherweise wurde einer unserer Spezialbagger aber in Montreal statt in Halifax entladen – und dann dort von einem Reinigungsunternehmen ruiniert, das alle Teile auseinanderbaute, um Erdreste zu entfernen, und sie dann falsch montierte. Als er nach vielen Wochen endlich bei uns ankam, hatte die 200 000 Euro teure Maschine nur noch Schrottwert. Ob wir diese Summe je ersetzt bekommen, ist ungewiss.

»Ihr seid doch selbst schuld, warum wandert ihr auch aus?«, mussten wir uns immer wieder aus Deutschland anhören. Aber wir bereuen unsere Entscheidung nicht, trotz aller Rückschläge: Wir haben hier zehnmal so viel Platz wie auf unserer Wildfarm in Niedersachsen. Die Landschaft ist wunderschön, die Ruhe herrlich. Und nach vielen Monaten des Wartens ist nun auch endlich unser Visum da.

Damit alles seine Ordnung hat, muss ich nun mehr als 500 Kilometer bis zur kanadischen Grenze und hinüber in die USA fahren, um dann mit neuem Stempel wieder einreisen zu können.

Ich habe aufgehört, mich über solch irrsinnige Vorschriften zu ärgern. Auswandern in Corona-Zeiten erfordert viel Geduld, das ist einfach so. Hauptsache ist, dass unsere Familie nun bald wieder vereint und inzwischen sogar meine Stute in der neuen Heimat angekommen ist.

Jetzt arbeiten wir daran, unser in Deutschland erprobtes »von der Farm auf den Tisch«-Konzept in Kanada umzusetzen und auszubauen: Wir wollen von unseren Tieren Wurst- und Fleischspezialitäten nach deutscher Handwerkstradition herstellen und diese direkt vermarkten über einen eigenen Hofladen mit Restaurant. Unsere Farm ist dafür strategisch günstig gelegen, denn zur nächsten Großstadt Halifax ist es nicht weit.

Eine Dreiviertelstunde mit dem Auto zu fahren, um Fleisch zu kaufen, wäre in Deutschland kaum denkbar – aber der Bundesstaat Nova Scotia hat nicht viele Highlights zu bieten, und Kanadier sind an längere Fahrtzeiten gewöhnt, an den Wochenenden kaufen deshalb auch Städter in den umliegenden Hofläden ein. Und die sind sehr viel unorganisierter als wir das aus Deutschland kennen. Mit unserer Erfahrung steigen wir da auf einem ganz anderen Level ein.

»Statt eines Vertrags gab es nur einen Handschlag«

Auf einer Reise verliebten sich Tanja, 47, und Uli Weidner, 47, in Laos in ein Klettergebiet und in eine Geschäftsidee: ein Camp mit Bungalows. Ihre gesamten Ersparnisse steckten sie hinein. Acht Jahre später leben sie in Franken – und ziehen ein Fazit ihres Abenteuers.

»Im Dorf hat man mir erzählt, dass hier Chinesen einziehen.« Mit diesen Worten begrüßt mich die Dame, die zwei Häuser weiter wohnt, als ich mich als neue Nachbarin im fränkischen Nankendorf vorstelle. Ich muss laut lachen und würde zu gern wissen, an welcher Stelle der Flüsterpost wir von deutschen Rückkehrern aus Laos zu chinesischen Einwanderern wurden.

Acht Jahre lang haben wir in einem Tal in Laos gelebt, zwölf Kilometer von der nächsten Stadt entfernt, und dort ein Klettercamp betrieben, das wir aus dem Nichts aufgebaut hatten – und das uns zweimal abbrannte.

Gestartet waren wir als kraxelnde Backpacker. Zwei Jahre hatten wir gespart, sechs Monate sollte unsere Weltreise dauern. Und dann blieben wir in Laos hängen, einem der am wenigsten entwickelten Länder Südostasiens, von dem ich vor unserer Reise noch nicht einmal gehört hatte, wie ich gestehen muss.

Das Tal, das für acht Jahre unser Zuhause werden sollte, steuerten wir an, weil eine Klettergruppe aus Bamberg dort kurz zuvor Haken für fünfzig Kletterrouten eingebohrt hatte. Allein schon der Weg dorthin war atemberaubend. Sobald wir die Stadt Thakhek hinter uns gelassen hatten, eröffnete sich ein traumhafter Blick auf eine Karstlandschaft mit sägezahnartigen, in der Morgensonne schimmernden Felsen. Wir verbrachten dort wundervolle Tage, und schleichend kam dabei dieser Gedanke hoch: Könnten wir hier ein Klettercamp aufbauen?

Potenzial für weitere Kletterrouten gab es, und ein lauschiges Plätzchen für Bambushütten fanden wir ganz in der Nähe eines Flusses. Die nächste Stadt war weit genug entfernt, dass potenzielle Gäste sicher lieber direkt am Fels übernachten wollen würden, aber nah genug, um Lebensmittel einkaufen zu können oder zum Arzt zu gehen. Und Thailand, mit guter medizinischer Versorgung, war auch nicht weit weg.

Ausländer dürfen in Laos nur mit einem einheimischen Partner, der die Mehrheit der Anteile hält, eine Firma gründen. Wir fingen an herumzufragen – und fanden tatsächlich mithilfe des Bamberger Kletterers, der das Gebiet entdeckt hatte, einen Geschäftsmann, der sofort begeistert war von unserer Idee eines Klettercamps. Er würde uns als Angestellte anmelden, Visum und Arbeitserlaubnis wären kein Problem, wir sollten gleich loslegen, sagte er. Auf meinen Einwand, dass ich eine Vorbereitungszeit von zwei Jahren für realistisch hielte, sagte er nur: »Zwei Jahre? Das ist zu spät. Wir können in zwei Wochen starten!«

Nach zwei Wochen fiel die Entscheidung

Es folgten schlaflose Nächte. Die Ausgangslage war eigentlich gut: Mein Mann Uli und ich sind beide erfahrene Kletterer, er ist ausgebildeter Schreiner, ich habe BWL studiert, früher eine Bar betrieben und besitze als Gymnastiklehrerin auch pädagogisch-didaktische Fähigkeiten. Und wir hatten nicht viel zu verlieren: Zwei Jobs, in denen wir weder Karriere machen wollten noch konnten, eine

Mietwohnung in Köln, ein paar alte Möbel, ein uraltes Auto. Klar, Freunde und Familie wären weiter weg, aber ja nicht aus der Welt. Wir stellten uns vor, was wäre, wenn wir das Angebot ausschlügen, und waren uns schnell einig: Wir würden es ein Leben lang bereuen. Und so fiel nur zwei Wochen nach unserer Ankunft in Laos die Entscheidung: Hierhin wandern wir aus.

In den Betreff der E-Mail, in der wir unseren Eltern von den Plänen berichteten, schrieben wir »Ein Geständnis«. Zurück kamen seitenweise Bedenken – und unerwarteter Zuspruch. »Ich war 30 Jahre lang als Sesselpupser in der gleichen Firma. Ob das glücklicher macht? Ihr seid echt mutig, ich hätte mich so etwas nie gewagt«, schrieb meine Mutter.

Unser Geschäftspartner arbeitete eine Art Vertrag aus, erklärte uns aber gleich, dass wir, wenn es zu Streitigkeiten kommen würde, sowieso keine Rechte hätten. Ausländer zögen immer den Kürzeren, wenn es hart auf hart komme.

Rund 45 000 Euro, unsere gesamten Ersparnisse, steckten wir in das »Green Climbers Camp« – ohne jemals ein Papier unterschrieben zu haben. Nach deutschem Ermessen war das der totale Wahnsinn. Aber wir hatten trotzdem ein gutes Gefühl, und das hat uns nicht getäuscht. Acht Jahre lang beruhte unsere Partnerschaft auf Handschlag. Und heute stehen wir finanziell besser da, als wenn wir all die Jahre in Deutschland geblieben wären. Wir haben uns in Franken ein eigenes Haus gebaut, das hätten wir uns sonst wohl nie leisten können.

Mit elf laotischen Angestellten fingen wir an, zuletzt beschäftigten wir zwölf westliche Kletterführer und 30 Laoten. Personal zu rekrutieren war relativ einfach, fast jeder von unseren Mitarbeitenden hatte Geschwister, Nachbarn, Freunde, die bei uns anfangen wollten. Unsere erste Frage an Bewerber lautete: Kannst du lesen und schreiben? Aber wir stellten auch Analphabetinnen ein, und die Zusammenarbeit klappte gut – bis unsere Mädels plötzlich Geister sahen.

Im Personalhaus spuke es, sagten sie und weigerten sich hineinzugehen. Für unser Empfinden war das natürlich Quatsch, aber unsere Angestellten meinten es ernst. Die Lösung war ein Geisterhaus.

Manche Laoten haben die spirituell-religiöse Vorstellung, dass allen Objekten der Natur eine Seele oder ein Geist innewohnt. Wenn also ein Grundstück bebaut wird, raubt man den Geistern ihren Lebensraum. Um diesen Verlust zu kompensieren, stellt man das Geisterhäuschen auf, das mindestens genauso schön sein muss wie das neue Haus.

Ich fand die Idee ein bisschen schräg, aber süß. Unser Geisterhäuschen wurde in einer feierlichen Zeremonie eingeweiht und bestückt mit Blümchen, Reis, Früchten und anderen Speisen, einer Zigarette, einer Wasserflasche und einer 7up mit Strohhalm drin.

Ab nun hieß es, alle sieben bis vierzehn Tage neues Obst, Räucherstäbchen und Gestecke auf dem Balkon des Geisterhäuschens fein zu drapieren, um dann mit gefalteten Händen den Geist zu beschwören, uns, das Personal und die Gäste zu beschützen und uns Glück zu bescheren. Aber leider hat das nur bedingt geklappt.

Die erste Katastrophe ereignete sich an Silvester 2012: Unser gesamtes Camp ging in Flammen auf. Die vermeintlichen Konfetti-Bomben hatten sich als Feuerwerkskörper entpuppt. Die Flammen schlugen 30 Meter hoch. Innerhalb einer Dreiviertelstunde vernichtete das Feuer alles, was wir in zwei Jahren aufgebaut hatten.

Eine Versicherung hatten wir nicht – aber bei dieser dummen Brandursache hätte sie wohl eh nicht gezahlt. Auch unsere Pässe waren verbrannt. Über die Wiedererlangung des Visums könnte ich ein Buch schreiben. Die Behördengänge waren eine einzige Farce und kosteten etliche Nerven und noch mehr Geld.

Der Brand war natürlich ein herber Rückschlag für uns. Physisch, psychisch und finanziell gerieten wir an unsere Grenzen. »Ich kann nicht mehr«, war einer unserer meist gesagten Sätze. Aber wir haben uns gegenseitig aufgefangen, Tag für Tag.

Und die Rekonstruktion unseres Camps war viel einfacher als der erste Aufbau. Wir hatten ja immerhin schon fließend Wasser, Strom, Internet, eingearbeitetes Personal und einen Truck. Und weltweit spendeten Kletterer für uns Geld, manche zwei Dollar, andere 1000 Euro. Insgesamt 50 000 Dollar kamen so zusammen. Wir waren echt überwältigt. Einen fünfstelligen Betrag bekamen wir von einem Freund aus Deutschland zinsfrei geliehen. Die letzte Rate haben wir ihm im vergangenen Sommer überwiesen.

Keine drei Monate nach dem Brand stand das Haupthaus wieder, in optimierter Form. Und statt mit Stroh wurden die Dächer nun mit einer Art dunkelgrüner Teerpappe gedeckt. Angeblich feuerfest. Aber dieses Versprechen entpuppte sich leider als falsch.

Ausgerechnet am Eröffnungstag unserer Camp-Erweiterung gab es im Haupthaus einen neuen Brand, diesmal wohl ausgelöst durch einen Kurzschluss. Unser gesamtes Hab und Gut ging in Flammen auf – zum zweiten Mal. Aber zumindest die Bungalows konnten diesmal gerettet werden.

Wieder rappelten wir uns auf. Aber wir waren fertig, ausgelaugt, krank. Ich kämpfte mit einem Hörsturz und Schwindel, mein Mann hatte Hüft- und Rückenbeschwerden und litt an einer Depression. Wir sehnten uns nach Dingen, die in Deutschland alltäglich sind: windundurchlässige Wände, Räume ohne Krabbeltiere, ein Bett ohne Moskitonetz, eine Couch. Radiohören beim Frühstück. Schnelles Internet.

8000 Kletterer aus aller Welt beherbergt

Auch wenn ich immer behauptet habe, dass mein Zuhause dort ist, wo Uli ist – irgendwann reicht es nicht mehr, nur seine geistige Heimat bei sich zu wissen. Und Uli, der alle 400 Routen unseres

Klettergebiets schon unzählige Male rauf und runter war, fand keine Befriedigung mehr im Klettern.

Da war die rationale Stimme, die uns zurief: Endlich könnt ihr mal anfangen, richtig Geld zu verdienen. Und die emotionale, die sagte: Denkt an eure Gesundheit und wie schön es wäre, mal wieder ein richtiges Zuhause zu haben.

Kaufinteressenten für unser Camp gab es genug. Es vergingen keine drei Minuten, bis die erste Rückmeldung reinkam, minütlich erreichten uns Anfragen. Und im Juni 2019 war es so weit: Wir übergaben das Camp an unsere Nachfolger.

Rund 8000 Kletterer aus aller Welt haben wir in unserer Zeit in Laos beherbergt, viele von ihnen waren sogar mehrmals bei uns. Die Szene kletternder Reisender ist relativ klein, fast an jedem Kletterspot treffen wir jetzt jemanden, der schon mal bei uns war oder jemanden kennt, der uns besucht hat. Das ist ein tolles Gefühl.

Wir würden gern daran anknüpfen und in unserer neuen Heimat Franken ein Klettercamp eröffnen mit umgebauten Gartenhütten. Bürokratie kann uns nun nicht mehr schrecken – nach allem, was wir in Laos mitgemacht haben, erscheint uns selbst der Papierkram in Deutschland erholsam.

Vom Bittsteller zum Umworbenen

Er wollte Deutschland nicht verlassen. Weil er an deutschen Unis aber keine Festanstellung fand, zog Thomas Schlich, 57, vor 17 Jahren nach Montreal. Wie geht es ihm heute?

Er war habilitiert und hoch qualifiziert – und hangelte sich von einer befristeten Stelle zur nächsten, bis er für seine Forschung keine Finanzierung mehr fand. »Ich hatte die Wahl: Ausland oder Ungewissheit«, sagt Thomas Schlich.

In Marburg hatte er Medizin studiert, eineinhalb Jahre als Arzt gearbeitet und sich dann auf Medizingeschichte spezialisiert. Seine Bücher und Aufsätze handeln zum Beispiel davon, wie in verschiedenen Kulturen entschieden wurde und wird, ob ein hirntoter Mensch als tot gilt, seit wann welche Organe transplantiert werden oder wie sich die Chirurgie entwickelt hat.

In Kanada wurde Schlich vom Bittsteller zum Umworbenen. Die McGill-Universität in Montreal ließ ihn zum Vorstellungsgespräch einfliegen und bot ihm dann einen Job an, unbefristet und mit der Option, alle sieben Jahre ein einjähriges Sabbatical zu nehmen und an einer Universität seiner Wahl zu forschen, bei vollem Gehalt.

»Ich wollte eigentlich nicht aus Deutschland weg, aber ich dachte, ich mache das jetzt mal für drei bis fünf Jahre«, sagt Schlich. An deutschen Universitäten fehlten Stellen für den akademischen Mittelbau. »Es werden entweder Nachwuchswissenschaftler gesucht oder Institutsleiter. Die Zeit dazwischen muss man überbrücken.«

Aus der Überbrückung ist ein Abschied geworden. Schlich lebt mittlerweile seit mehr als 17 Jahren in Montreal, zweimal schon hat er das Forschungs-Sabbatical genutzt, war mit der Familie ein Jahr in Berlin und ein Jahr in Lausanne. Er ist mit einer Kanadierin verheiratet, Mitglied der kanadischen Wissenschaftsakademie Royal Society, und er hat sogar die kanadische Staatsbürgerschaft angenommen.

Beim zur Einbürgerung gehörenden Festakt musste er die kanadische Nationalhymne singen und auf Queen Elizabeth schwören. »Ich habe lange vor diesem Schritt gezögert«, sagt Schlich. Wichtig war für ihn, dass er dank einer Sonderregelung seinen deutschen Pass behalten darf.

Er wolle »eigentlich lieber in Deutschland leben«, hatte Schlich gesagt, als wir im SPIEGEL vor sechs Jahren über ihn berichtet haben. Das gelte noch immer, sagt er heute. An eine Rückkehr glaube er aber nicht mehr: »Einen Professor in meinem Alter will keine deutsche Uni mehr einstellen. Außerdem ist es sehr unwahrscheinlich, dass meine Frau und ich beide eine passende Stelle finden.«

Der Sohn wächst dreisprachig auf

Im Vergleich zu Kanada und den USA, wo Hochschulen versuchen, auch eine passende Stelle für den Ehepartner zu finden, haben es Akademiker-Paare in Europa schwer. Ein Jobangebot in der Schweiz lehnte Schlich kürzlich ab, weil es keine Berufsperspektive für seine Partnerin gab. Auch sie arbeitet an einer Hochschule, im Gesundheitswesen.

Der gemeinsame Sohn ist dreisprachig aufgewachsen, er spricht fließend Deutsch, Englisch und Französisch. »Viele können hier drei Sprachen«, sagt Schlich. In Montreal sprechen die meisten Einwohner Französisch, an der McGill-Universität wird auf Englisch unterrichtet – und viele haben einen ausländischen Akzent. »Man merkt, dass Kanada ein Einwanderungsland ist«, sagt Schlich.

Mit Kanadiern in Kontakt zu kommen sei deshalb sehr leicht. Ihre ungeschriebenen Regeln des Alltags zu durchschauen allerdings nicht. »Kanada ist ja kein exotisches Land, aber umso erstaunlicher finde ich es, wie anders das Leben trotzdem ist«, sagt Schlich.

Ins Fettnäpfchen tritt zum Beispiel, wer bei einem Wohnungsbesuch die Schuhe anbehält oder statt Wein Blumen mitbringt. Oder eine Sauna ohne Badehose betritt. Oder an Silvester einen Böller zündet. Oder offen sagt, dass er etwas falsch findet.

Das Konzept des Nachmittagskaffees mit Kuchen sei den Kanadiern ebenso fremd wie Spaziergänge, sagt Schlich: »Niemand versteht, was ein Spaziergang sein soll. Ein Sport?«

Solche Unterschiede überhaupt wahrzunehmen sei »ein Privileg der Marginalität«, sagt er: Nur als Einwanderer werde man sich bewusst, welche kulturellen Feinheiten die Heimat ausmachten.

Gut zu wissen

Tipps zur Stellensuche an einer Uni in den USA und Kanada

Erklären Sie Ihren Abschluss
Nordamerikaner kennen weder den Dr. med. noch die Habilitation. In den USA und Kanada ist der höchste akademische Grad der PhD. Schlich hat in seiner Bewerbung seine Habilitation als Pendant zum PhD eingestuft – und hatte damit Erfolg.

Suchen Sie sich einen Fürsprecher aus einem englischsprachigen Land
Nordamerikanische Hochschulen erwarten ergänzend zur Bewerbung mehrere Empfehlungsschreiben von Kollegen, Mentoren oder Vorgesetzten – und diese sollten wissen, wie man ein solches Schreiben am effektivsten verfasst.

Finger weg vom Passbild
Bewerbungen mit Foto sind in den USA und Kanada unüblich.

Planen Sie eine Flugreise fürs Vorstellungsgespräch ein
An der McGill-Universität kommen auf eine offene Stelle im Schnitt rund hundert Bewerber. Von diesen kommen zehn in die engere Wahl, drei oder vier werden jeweils einzeln zum persönlichen Treffen eingeladen. Vor Ort gibt es dann Gespräche mit allen Mitarbeitern des Instituts – die auch alle zusammen entscheiden, wer letztlich die Zusage kriegt.

Verhandeln Sie gut
Denken Sie bei der Gehaltsverhandlung auch daran, dass der Umzug kostspielig werden wird – und lassen Sie im besten Fall Ihren neuen Arbeitgeber die Kosten tragen.

Deutschland, nur mit geilem Wetter

Erst die dritte Kündigung hat geklappt, und Michael Kredics, 36, konnte endlich auswandern. In Vietnam leitet er nun sein eigenes Bed & Breakfast, das zu einer kleinen deutschen Enklave geworden ist.

Ich hätte nie gedacht, wie glücklich es mich machen könnte, mein Leben in Deutschland aufzulösen. Endgültig aus meiner WG auszuziehen, meine Möbel zu verschenken, meine Versicherungen zu kündigen. Mit 30 Jahren habe ich den Absprung geschafft.

Eigentlich waren die Weißwürste daran schuld. Ich hatte schon fünf Jahre lang für eine Stuttgarter Werbeagentur gearbeitet und musste für eine Veranstaltung eines Reifenherstellers das Buffet planen. Vier Wochen lang habe ich mit der Reifenvertreterin darüber diskutiert, wie bayerisch das Essen sein sollte. Sie war ziemlich unfreundlich zu mir und forderte ständig neue bayerische Spezialitäten. Und da habe ich mich gefragt, warum ich vier Wochen lang über Weißwürste reden muss. Was habe ich überhaupt in den vergangenen Jahren geleistet?

Dann habe ich gekündigt.

Vorher hatte ich schon zweimal versucht, meinen Job aufzugeben, aber mein Chef hatte mich jedes Mal mit Gehaltserhöhungen halten können. Doch mit der dritten Kündigung hat es geklappt.

Damals fragte mich eine Freundin, ob ich sie auf eine Reise nach Vietnam begleiten könnte. Ihre Eltern waren vor 40 Jahren von dort nach Deutschland ausgewandert, und sie hatte noch Verwandte da.

Als wir in Ho-Chi-Minh-Stadt landeten, war alles wuselig, laut und dreckig – und ich fand es großartig. Wir waren zwei Wochen da, und seitdem fasziniert mich das Land. Alles riecht anders, alles schmeckt anders. Es fühlt sich die ganze Zeit an wie ein Feuerwerk im Kopf.

Ich flog wieder hin, reiste vier Wochen lang durchs Land und blieb in dem kleinen Fischerdorf An Bang vor den Toren von Hoi An in Zentralvietnam hängen. Da ist der Strand direkt vor der Haustür, es gibt tolle kleine Restaurants, die Menschen sind nett, ich fühlte mich wohl. Drei Mal verlängerte ich meinen Aufenthalt um jeweils eine Woche und freundete mich in einem Restaurant mit einer Vietnamesin an. Irgendwann fragte sie mich, ob ich nicht bleiben und mit ihr ein Bed & Breakfast aufbauen wolle.

Ich flog noch einmal nach Deutschland, verkaufte und verschenkte den Großteil meiner Sachen, Möbel, Klamotten, Elektronik, lagerte den Rest bei meiner Mutter ein und kündigte meine Versicherung. Zuerst hatte ich mein Zimmer noch untervermietet, aber diesmal gab ich es komplett auf.

Vor Ort hatte meine Businesspartnerin ein Grundstück gefunden, und wir ließen unser Bed & Breakfast dort bauen. Wir engagierten eine Architektin, die aus Hoi An kam und in London studiert hatte. Sie kannte Bauarbeiter, Dachdecker, Installateure und Klempner, und nach acht Monaten war unser Haus fertig.

Manchmal muss ich mich kneifen

Etwa 30 000 Euro habe ich dafür investiert – meine gesamten Ersparnisse. Aber ich fand den Gedanken, das Geld zu verlieren, falls es nicht klappen sollte, weniger schlimm als später bereuen zu müssen, es nicht in Vietnam versucht zu haben.

Als unser Bed & Breakfast gebaut wurde, habe ich mir einen Sprachlehrer genommen und mit ihm die Grundlagen der vietnamesischen Sprache gepaukt. Jedes Wort hat eine Silbe, die Sprache hat sechs Töne – ein Wort kann je nach Ton sechs verschiedene Bedeutungen haben. Mir hat mal jemand gesagt, es dauere zehn Jahre, bis man perfekt Vietnamesisch spricht. Dann habe ich jetzt zumindest schon die Halbzeit geschafft, und mein Vietnamesisch ist ganz passabel.

Inzwischen bin ich mit der Freundin, mit der ich das erste Mal in Vietnam war, zusammen. Eineinhalb Jahre, nachdem ich ausgewandert war, hat sie ihren Job als Leiterin einer Physiotherapiepraxis aufgegeben und ist mir in die Heimat ihrer Eltern gefolgt.

Meine vietnamesische Geschäftspartnerin haben wir inzwischen ausbezahlt. Nun stehen wir hier jeden Tag um sieben Uhr auf, kaufen auf einem Markt Obst und Gemüse ein und bereiten das Frühstück für unsere Gäste vor. Es gibt Müsli, Omelett, Waffeln und dunkles Brot – aber nichts Vietnamesisches, das würden wir ohnehin nie so gut hinkriegen wie die Locals.

Normalerweise sitzen wir bis mittags mit den Gästen zusammen, dann essen wir selbst etwas, gehen zum Strand, machen Sport oder Mittagsschlaf und kümmern uns dann um den Checkin und Check-out.

Manchmal muss ich mich kneifen, um zu begreifen, dass ich mir hier in einem sozialistischen Land etwas Eigenes aufgebaut habe. Wir haben fast nur deutsche Gäste, und auch viele Freunde und Familienmitglieder besuchen uns. Wir haben drei Bungalows, zwei Lofts, zwei Privatzimmer und ein Ferienhaus. Maximal können wir 22 Gäste zeitgleich unterbringen. Eigentlich ist unser Bed & Breakfast so wie Deutschland, nur entspannter und mit geilem Wetter. Deswegen haben wir auch nie Heimweh.

Die Corona-Pandemie ist für unser Business leider eine Katastrophe, uns sind alle Buchungen weggebrochen. Die Grenzen sind so gut wie dicht, aber wir hoffen, dass es bald wieder bergauf geht. Momentan leben wir von unseren Ersparnissen, machen viel Sport und genießen die Ruhe.

Wir denken eigentlich wenig an die Rente. Aber die Lebenshaltungskosten sind hier auch sehr niedrig, und in der Hauptsaison haben wir bisher immer ganz gut verdient, sodass wir auch ein bisschen Geld sparen konnten. Mit Kindern würde das Leben hier sicher nicht so einfach funktionieren – aber wir wollen auch keine.

Und es gibt auch Schattenseiten in Vietnam: Es ist nicht einfach, als Ausländer Geschäfte zu machen, ohne einheimische Partner hat man keine Chance. Geld verschwindet im System. Und wer nicht weiß, dass man mit der Polizei verhandeln kann, zahlt mehr als andere.

Was mir auch oft bewusst macht, dass ich auf einem anderen Kontinent bin, sind die Tiere. Hier gilt: Wenn du es fangen kannst, kannst du es essen. Das schlägt vor allem mir als Vegetarier auf den Magen. Und natürlich wird man in Vietnam mit Armut konfrontiert. Unsere Nachbarn sammeln Pappe, und alle zwei Wochen holt eine Frau bei uns die Plastikflaschen ab, weil sie damit Geld verdienen kann. Deswegen versuchen wir hier möglichst bescheiden zu leben und spenden auch ab und zu Geld, zum Beispiel für eine neue Straße durch unsere Nachbarschaft, für Familien in Not, für ein Waisenhaus oder Opfer des Gifts Agent Orange. Eigentlich würde ich gern ein richtig großes Motorrad fahren, aber ich kaufe mir keins, weil ich hier nicht mit so einer dicken Maschine gesehen werden will.

Auch zu Weihnachten ist es blöd. Das feiert kaum jemand groß, es gibt keinen Glühwein, keinen Weihnachtsmarkt, keine Stimmung. Vor zwei Jahren waren wir über Weihnachten mal in Deutschland. In dieser Zeit spielt sich das Leben ja meist in den Häusern ab. Alle sind drinnen, und es ist unfassbar leise draußen. Das fand ich irgendwie seltsam und war dann froh, wieder nach Vietnam fliegen zu können. In den Trubel. Nach Hause.

Gut zu wissen

Will man nach Vietnam auswandern, sollte man vergessen, was man über Manieren und Pünktlichkeit gelernt hat. Hier sollte man schauen, wie es die Nachbarn machen und ihnen gleichtun. Der kürzeste Weg ins Herz der Vietnamesen ist es, ihre Kultur zu respektieren und wertzuschätzen. Deshalb ganz wichtig: ihre Sprache lernen.

»Man muss auch erkennen, wann Zeit ist für einen Programmwechsel«

In Vietnam war er Chef von 600 Mitarbeitern, eine Rückkehr nach Deutschland konnte er sich nicht vorstellen. Acht Jahre später lebt Jürgen Braunbach, 63, in Mittenwald und hat einen neuen Job in einem Kleinbetrieb. Was ist passiert?

Peking, Ho-Chi-Minh-Stadt, Bangkok, Achenkirch. Jürgen Braunbach muss nur die Stationen seiner Karriere nennen, um zu irritieren. Mehr als 30 Jahre lang lebte er in Millionenmetropolen in Asien, jetzt wohnt er im bayerischen Mittenwald und pendelt zur Arbeit nach Tirol.

Er hat zwei Geschichten zu erzählen: Von einem, der auszog, Asien zu erobern und in der deutsch-österreichischen Provinz landete. Und vom beruflichen Neustart mit über 60.

Als wir vor acht Jahren im SPIEGEL über Braunbach berichtet haben, leitete er das Büro des Logistikkonzerns DB Schenker in Ho-Chi-Minh-Stadt. Er hatte den Standort aufgebaut; als er 1994 anfing, gab es außer ihm nur zwei weitere Mitarbeitende, zuletzt waren es mehr als 600.

Braunbach hat Sinologie studiert, »dass ich dann Logistiker geworden bin, war reiner Zufall«, sagt er. Nach dem Tiananmen-Massaker 1989 seien Sinologen in Deutschland nicht besonders gefragt gewesen. Schließlich fand er aber doch eine Stelle – bei einem deutschen Logistikkonzern in Peking.

Sechs Jahre blieb er, dann schickte ihn der Konzern nach Ho-Chi-Minh-Stadt. Und Braunbach gefiel es dort. Die Menschen seien »auf Zack«, sehr fleißig, dazu freundlich, zuvorkommend und die meisten auch des Englischen mächtig.

Er blieb 21 Jahre. In dieser Zeit veränderte sich das Land, wurde vom billigen Produktionsstandort, wo vor allem Schuhe und Textilien hergestellt wurden, zum Standort für High-Tech-Fabriken, in denen Konzerne wie Samsung, Panasonic und LG Smartphones, Bildschirme und Fernseher produzieren lassen.

»Nach Deutschland zurückzukehren kann ich mir kaum vorstellen«, sagte er uns vor acht Jahren. Damals ahnte er nicht, dass er drei Jahre später seine Koffer würde packen müssen – nach mehr als zwei Jahrzehnten in Vietnam wurde er nach Thailand versetzt.

»Ein Auslandsbüro 21 Jahre lang zu leiten ist absolut unüblich; ich verstehe schon, dass man da irgendwann gefragt wird: Willst du nicht mal woandershin?«, sagt Braunbach. Aber in Bangkok wurde er nicht richtig heimisch.

»Dass es deutsche Senioren nach Thailand zieht, kann ich nicht verstehen. Klar, Urlaub fand ich dort auch immer toll, aber meinen Lebensabend möchte ich da nicht verbringen.« Dafür sei ihm die Militärregierung zu unberechenbar, das Klima zu heiß, die Luft zu verschmutzt und die Preise allgemein zu hoch. »Eine Flasche Wein kostet mindestens 20 Euro. Und weil die Klimaanlage ständig lief, hatten wir jeden Monat eine Stromrechnung von mehr als 500 Euro.«

Nach zwei Jahren in Bangkok hatte er genug – auch von der Arbeit im Konzern. »Ich hatte eine gute Zeit bei Schenker, aber man muss auch erkennen, wann Zeit ist für einen Programmwechsel«, sagt er. Und so verließ er das Unternehmen nach 27 Jahren und zog mit seiner Frau und den beiden Söhnen nach Mittenwald.

Zum ersten Mal ohne Zimmermädchen

Das Haus hatten sie von Vietnam aus gekauft. Braunbach ist in Köln aufgewachsen, aber Mittenwald hatte ihm schon als Jugendlicher gefallen. Mit seiner russischstämmigen Frau und den zwei gemeinsamen Kindern war er immer wieder zum Skifahren dort gewesen. Die Urlaube hatten allen Spaß gemacht, aber die Idee, aus dem Feriendomizil den Hauptwohnsitz zu machen, habe »erst mal zu Diskussionen geführt«, sagt er: »Vor allem meine Söhne weinen Bangkok und Saigon noch immer hinterher.«

Die beiden sind 18 und 19 Jahre alt und zweisprachig mit Englisch und Deutsch aufgewachsen. In Vietnam und Thailand besuchten sie internationale Schulen, Unterrichtssprache war Englisch. Der Wechsel ins bayerische Schulsystem war für beide nicht leicht. Der Älteste macht seinen Schulabschluss nun in Österreich, sein Bruder besucht eine Montessori-Schule. Braunbach ist trotzdem sicher, dass seine Söhne vom Umzug nach Bayern profitieren: »In Vietnam und Thailand hat fast jeder ein Zimmermädchen zu Hause, das kocht, putzt und aufräumt. Sie sind damit aufgewachsen, haben das für normal gehalten – ein Realitäts-Check tut da ganz gut, sonst wird das Leben später schwierig.«

Seine Frau und er haben sich in ihrer neuen Wahlheimat wunderbar eingelebt, sagt er. Selbst seine Liebe zum FC Köln werde in Mittenwald akzeptiert. »Man kann sich auch mit über 60 noch einen neuen Freundeskreis aufbauen, das geht alles. Es kommt nur auf die eigene Einstellung an.«

Das sei auch sein Motto bei der Jobsuche gewesen: Als er hörte, dass ganz in seiner Nähe ein junges Unternehmen Hochseilgärten herstellt und international verkauft, schrieb er eine Initiativbewerbung und bot an, den Vertrieb in Asien zu übernehmen. Die Zusage kam prompt.

»Ich bin da in ein Team mit jungen, kreativen Leuten gekommen, das war sehr spannend«, sagt Braunbach. Allein vom Alter her sei er nach zwei Jahren noch immer der Exot in der Firma Kristallturm, »aber ich wurde sehr nett aufgenommen und fühle mich wohl«.

Vor allem in China und Japan seien Hochseilgärten derzeit sehr gefragt. Bevor die Corona-Krise die Welt umkrempelte, flog er drei- bis viermal im Jahr nach Asien, um Klettermodule auf Messen zu präsentieren und Kunden über mögliche Anbauten zu beraten – und um alte Freunde zu besuchen.

Besonders freut er sich bei diesen Reisen auch aufs Essen, denn an die bayerische »Schnitzelkultur« könne er sich nicht gewöhnen, sagt er. Seit sie in Mittenwald leben, wird im Hause der Braunbachs deshalb regelmäßig Vietnamesisch gekocht.

Jedes Land habe seine Vor- und Nachteile, sagt Braunbach: »Es gibt kein ›besser‹, das Leben ist überall anders, aber man kann auch überall gut leben.«

Nachgehakt: Berlin ⟶ Karibik

»Sonne und Strand kann ich nie genug kriegen«

Vom Luxushotel auf den Malediven über Dubai in die Karibik: Der Lebenslauf von Anica Roch, 31, liest sich wie eine Traumreise. Ihren ursprünglichen Plan hat sie dafür aufgegeben.

Zweieinhalb Fußballfelder, so klein war die Insel, auf der Anica Roch lebte, als wir vom SPIEGEL vor fünf Jahren über sie berichteten. Die gelernte Hotelfachfrau aus Berlin arbeitete damals auf Mirihi, einer der kleinsten Inseln der Malediven, in einem Luxusresort. 37 Villen, zwei Restaurants, zwei Bars. Und drum herum nichts als weißer Sand und türkisfarbenes Wasser.

Freunde treffen, ins Café oder ins Kino gehen, das vermisse sie schon, sagte Roch damals. »Wenn ich hier mal weggehe, dann wieder in eine Stadt – vielleicht in Europa.«

Heute lebt Roch weder in einer Stadt noch in Europa, sondern auf Anguilla, einer Insel der Kleinen Antillen in der Karibik, und immerhin so groß wie Königs Wusterhausen in Brandenburg: 91 Quadratkilometer. Dass sie nun hier sei, überrasche sie selbst, sagt Roch. »Bis das Jobangebot kam, wusste ich gar nicht, dass es Anguilla gibt.«

Das Angebot erreichte sie über einen Headhunter, den sie über Bekannte kennengelernt hatte. Mirihi hatte sie zu diesem Zeitpunkt schon verlassen. Zweieinhalb Jahre war sie auf der Insel

166

geblieben, »dann war Zeit für was Neues«, wie sie sagt: die Arabischen Emirate.

Auch dieser Job war ihr angeboten worden; der Personalchef eines Luxushotels in der Nähe von Dubai hatte sie über das Karrierenetzwerk LinkedIn kontaktiert. Roch unterschrieb einen unbefristeten Arbeitsvertrag, kündigte aber nach sechs Monaten. »Die Emirate waren nicht meine Destination«, sagt sie. »Ich mag dann doch lieber natürliche Strände und echte Palmen.«

Die Karibik hatte schon lange auf ihrer Wunschliste möglicher Wohnorte gestanden. Aber dort einen Job zu ergattern sei nicht so leicht, sagt Roch. »In Hotels in der Karibik und Lateinamerika sind Initiativbewerbungen schwierig, weil die Konkurrenz so groß ist. Es gehört immer auch Glück dazu. Man muss im richtigen Moment die richtige Person kennenlernen.«

Nach einem Vorstellungsgespräch per Videochat ging dann alles ganz schnell: Zwei Tage vor Weihnachten fing Roch auf den Kleinen Antillen als »Cluster Front of House Manager« an. In dieser Position ist sie für rund 35 Mitarbeiter zuständig, vom Rezeptionisten bis zum Gepäckträger und Concierge.

Heiligabend nie zu Hause

»Ich wusste in etwa, worauf ich mich einlasse«, sagt Roch. »Aber ein Risiko hat man bei einem neuen Job natürlich immer. Ob es passt, weiß man erst, wenn man anfängt. Das wäre bei einem Vorstellungsgespräch vor Ort aber auch nicht anders.«

Dass sie Heiligabend nicht zu Hause ist, daran habe sich ihre Familie schon gewöhnt, sagt Roch. Weihnachten und Silvester seien nun mal die Hochzeiten der Hotelbranche. Dafür habe sie dann zu anderen Zeiten frei, etwa im September und Oktober. Auf den Kleinen Antillen schließen viele Hotels in der Hurrikansaison. Sturm »Dorian«, der am 1. September 2019 als Hurrikan mit Windstärken von bis zu 300 km/h über die Bahamas hinweg-

fegte, traf Anguilla als Tropensturm. »Wir hatten gerade zuge-
macht, die letzten Gäste waren abgereist«, sagt Roch. Der Sturm
sei unheimlich gewesen, aber: »Ich bin niemand, der sich unnötig
Angst macht. Ich warte erst mal ab, was kommt.«

Im Jahr 2017 raste Sturm »Irma« durch die Karibik und zerstörte weite Teile der Insel Saint-Martin, die Roch vom Fenster
ihrer Wohnung aus sehen kann. Auch auf Anguilla sind die Schä-
den noch immer zu sehen. Fast alle Hotels der Insel mussten renoviert werden. Immerhin konnten die meisten ein Jahr nach »Irma«
wieder öffnen.

Auf Wohnungssuche war Roch schon seit Jahren nicht mehr,
für ihre Umzüge braucht sie nicht mehr als zwei Koffer. Die
Unterkünfte werden ihr von den Arbeitgebern gestellt – ein Service, den Roch nicht mehr missen möchte. »Aus meiner Arbeit
ist ein Lebensstil geworden«, sagt sie. »Ich hätte das auch nicht
gedacht, aber ich bin nach all den Jahren immer noch im Modus:
Was kommt als Nächstes?«

Aus Deutschland vermisse sie wenig. »Wenn ich zu Hause
bin, freue ich mich auf Kartoffelpuffer von Omi. Oder bei meinen Freunden in der Schweiz auf Käsefondue. Aber ich glaube
nicht, dass ich noch mal zurückkehre«, sagt sie. Es gebe für sie
in Deutschland wenig interessante Arbeitgeber, die Gehälter seien
niedriger, und auch auf das deutsche Wetter habe sie wenig Lust.
»Sonne und Strand kann ich nie genug kriegen.«

Auch ihre Urlaube verbringt sie noch gern am Meer. Ihre letzten Ziele vor der Corona-Krise: Florida, Costa Rica und die Malediven. »Als ich neu auf den Malediven war, dachte ich, ich würde
dort gar keine Freunde finden. Aber dann sind mir doch sehr viele
Menschen ans Herz gewachsen.« Die meisten habe sie über die
Arbeit kennengelernt, zum Beispiel über die örtliche Wasserflug-
Gesellschaft. Freundschaften unter Kollegen seien eher schwierig,
sagt sie: »Je höher die Position, desto weniger Freunde hat man,
das ist leider so.«

Ihr Gästezimmer auf Anguilla sei erstaunlich oft leer – nicht nur seit Corona das Reisen erschwert hat. »Zunächst sind alle begeistert und wollen mich besuchen. Aber wenn sie dann hören, wie teuer hier Lebensmittel und Mietwagen sind, schrecken dann doch viele zurück.« Außerdem müsse sie ja arbeiten. »Ich bin bekennender Workaholic«, sagt Roch und lacht.

Wenn sie mal freihabe, gehe sie tauchen, spiele Tennis oder mache Crossfit. »Und ehrlich gesagt, liege ich auch manchmal einfach nur gern auf dem Sofa.«

Gut zu wissen

Tipps für eine Auslandskarriere in der Hotelbranche

Warten Sie nicht zu lange

Wer erst nach vielen Berufsjahren in Deutschland einen Job in einem Luxusresort im Ausland suche, werde es schwer haben, sagt Anica Roch. Ihr Rat: Gleich nach der Lehre in die Ferne und sich dann hocharbeiten. »In den Arabischen Emiraten stehen die Chancen für deutsche Berufsanfänger zum Beispiel sehr gut.«

Erwerben Sie Zusatzqualifikationen

Anica Roch hat nach ihrer Ausbildung zur Hotelfachfrau ein Fernstudium in Hospitality Management absolviert. Bei der Jobsuche habe ihr dieses Zertifikat schon viele Türen geöffnet, sagt sie.

Lassen Sie sich nicht entmutigen

Die Zusage für die Stelle auf den Malediven bekam Anica Roch erst zwei Tage nach ihrem letzten Arbeitstag in der Schweiz. Drei Monate lang hatte sie sich vergeblich bei allen möglichen Hotels beworben. Auch die Karibik hatte sie schon abgehakt, bis dann plötzlich doch ein Jobangebot kam.

Bleiben Sie flexibel

Anica Roch wollte ursprünglich unbedingt nach Singapur, mittlerweile hat sie die Destination von ihrer Wunschliste gestrichen. »Man wird es nicht immer in sein Top-1-Land schaffen«, sagt sie. »Wer Erfolg haben will, muss auch Kompromisse eingehen.«

Schrauben Sie Ihre Erwartungen herunter

»Nur weil man einen Traumstrand vor der Tür hat, ist das Leben nicht automatisch besser«, sagt sie. »Die Arbeit in der Hotellerie ist doch sehr ähnlich, egal, wo man sich gerade befindet.« Und selbst am schönsten Ort sei nicht alles perfekt. Auf Mirihi gibt es zum Beispiel keinen Supermarkt – und damit keine Auswahl an Shampoo oder Pflegeprodukten. Und keine Möglichkeit, sich mal selbst etwas zu kochen.

So klappt der Neustart

Bürokratisches vorher klären
Wer ins Ausland ziehen will, sollte sich vorher bereits mit der ganzen Bürokratie auseinandersetzen. Welches Visum braucht man, wie bekommt man eine Arbeitserlaubnis, welche beruflichen Qualifikationen sind nötig?

Kontakt aufnehmen
Es hilft, im Vorfeld Kontakt zu (deutschen) Expats aufzunehmen – etwa über Facebook oder LinkedIn – und diesen zu schreiben, was man vorhat. Wer sich so schon im Vorfeld Treffen vor Ort organisiert, hat immerhin schon einen kleinen Anker, an dem man sich festhalten kann. Vor Ort bieten sich vor allem Co-Working-Spaces zum Knüpfen von Kontakten an.

Durchhalten
Die ersten Monate in einem neuen Land sind hart. Ist die Faszination für das Neue und Unentdeckte erst einmal verflogen, kommt schnell der Frust. Man muss sich neue Ärzte suchen, man weiß nicht, wo man die besten Lebensmittel kaufen kann, wo es gute Cafés gibt. Aber es lohnt sich durchzuhalten: Wer die ersten sechs Monate übersteht, hat es meist erst mal geschafft.

Jobsuche im Ausland

Wer auswandert, ohne eine Arbeit zu haben, braucht Mut, Risikobereitschaft und Durchhaltevermögen. Wichtig ist es, sich über Stellenanzeigen hinaus um Jobs zu kümmern. Man kann auf Veranstaltungen gehen, zum Beispiel auf Jobmessen und Stammtische der deutschen Außenhandelskammer, aber auch mit Bekannten Kaffee trinken gehen. Je mehr Menschen wissen, dass man auf Jobsuche ist, desto höher die Chancen, von einer freien Stelle zu erfahren.

»Es werden diejenigen scheitern, die nicht flexibel sind«

Wie sollte man sich auf ein neues Leben im Ausland vorbereiten, was lässt sich im Vorfeld klären, und wie kann man Kinder für ein Leben im Ausland begeistern? Katarina Lerch erklärt, wie das Auswandern gelingen kann.

Frau Lerch, Sie beraten und trainieren Deutsche, die ins Ausland ziehen. Stellen wir uns vor, ich habe ein Jobangebot in einem Land bekommen, in dem ich noch nie war – wie kann ich mich am besten vorbereiten?
Am wichtigsten ist es, sich über das Land zu informieren, dazu gehört auch die Businessetikette. Auf Länderportalen wie zum Beispiel dem Countrynavigator gibt es zuverlässige Informationen und Tipps. Manche Portale kosten etwas, aber Unternehmen haben für ihre Mitarbeiter oft einen Zugang dafür.

Welche Dinge sollte ich auf jeden Fall regeln, bevor ich auswandere?
Bei allen Entscheidungen würde ich immer die eigene Familie in den Vordergrund stellen. Jeder, der auswandert, sollte sich fragen, wie er es seiner Familie ermöglichen kann, im Ausland gut weiterzuleben. Kann der Partner dort arbeiten? Gibt es gute Schulen und ein gutes Umfeld für die Kinder? Das findet man her-

aus, indem man Kontakt mit anderen Expats vor Ort aufnimmt. Über LinkedIn oder Xing kann man gezielt nach Deutschen suchen, die in dem jeweiligen Land wohnen, in das man ziehen möchte.

Lohnt es sich, vorab einen Urlaub in das Land zu buchen?
Viele Arbeitgeber zahlen sogar einen Look-and-See-Trip, also eine Reise, um den neuen Wohnort kennenzulernen. Es hilft sehr, wenn man sich schon vor dem Umzug eine Meinung gebildet hat. Manche Unternehmen schalten auch Relocation-Agenturen ein, die die Situation vor Ort kennen – und beraten können. Wichtig ist: Man sollte so viele Informationen über die Stadt oder Region sammeln, wie man bekommen kann, und sich dabei Fragen stellen wie: Will man unter Einheimischen leben oder dort, wo viele Deutsche sind – und zum Beispiel Kinder schneller andocken können? Wie weit ist die Wohnung von der Schule und vom Arbeitsort entfernt? Wie gut ist man angebunden? Gibt es ein Krankenhaus in der Nähe, in dem man sich verständigen kann? Wie sicher ist die Gegend?

Wie kann ich mich auf ein Land vorbereiten, das als sehr unsicher gilt?
Da bereitet man sich am besten mit speziellen Sicherheitstrainings vor, die etwa die Carl Duisberg Centren oder die Gesellschaft für Internationale Zusammenarbeit anbieten. Hier lernt man zum Beispiel, wie man reagiert, wenn plötzlich jemand mit vorgehaltener Waffe vor einem steht, wie man nicht als Ausländer auffällt oder worauf man in gefährlichen Ländern besonders achten sollte.

Was muss ich bei der Krankenversicherung beachten?
Eine Kollegin von mir hat ein Kind in Japan bekommen – aber das ist dort von der Versicherung nicht mit abgedeckt, und sie musste

den Krankenhausaufenthalt selbst zahlen. Aus diesem Grund sollte man klären, wie man im Ausland versichert ist. Dazu gehören Fragen wie: Werden alle Krankenhausaufenthalte abgedeckt? Kann man ins Ausland gehen, wenn das Kind Asthma hat? Informieren kann man sich bei der BDAE Gruppe – die sich auf Versicherungen bei Auslandsentsendungen spezialisiert hat.

Wie kann ich meine Kinder auf den Umzug ins Ausland vorbereiten?
Wer kann, sollte es seinen Kindern ermöglichen, die Sprache des Zielorts zu lernen. Sie müssen sich an so viel Neues gewöhnen, dass jeder Brocken der anderen Sprache ihnen weiterhelfen wird. Aber das ist nicht leicht, wenn man Kinder zuhause hat, die gar nicht umziehen wollen.

Wie kann man Kinder denn dafür begeistern?
Man kann schauen, ob es Sportvereine, Chöre oder Musikschulen in der Nähe des neuen Wohnortes gibt. Dann kann man den Kindern Fotos davon zeigen und sagen: Schau mal, hier könntest du ja vielleicht mitmachen. Ansonsten muss man ihre Launen akzeptieren und ganz offen mit ihnen reden, etwa mit Sätzen wie: Ich möchte auch nicht umziehen, mir fällt das auch schwer – aber wir schaffen das schon.

Wie finde ich am neuen Wohnort schnell Anschluss?
So viel rausgehen wie möglich. Es schadet zum Beispiel nicht, den Nachbarn Hallo zu sagen oder Veranstaltungen wie Empfänge oder Vorträge zu besuchen. Aber auch wer mit seinen Kindern auf den Spielplatz oder mit seinem Hund in den Park geht, wird Leute kennenlernen. Dabei ist es ganz wichtig, die Landessprache zu können. In dem Moment, wenn man die Sprache spricht, tun sich neue Tore auf. Auch wenn man sie nicht perfekt kann, freuen sich die Menschen, wenn man es versucht. Man sollte sich aber

nicht mit Dienstleistern wie zum Beispiel Haushaltsangestellten anfreunden. Das ist in vielen Ländern unüblich. Hier ist es besser Abstand zu wahren.

Was kann ich gegen Heimweh tun?
Man muss Geduld haben und zäh sein. Es hilft, sich immer wieder klarzumachen, warum man umgezogen ist. Im Ausland wächst man, man bildet sich weiter, lernt eine neue Sprache – davon wird man später profitieren. Es gibt immer Phasen, in denen man frustriert ist und andere, in denen man euphorisch ist. Dieses Phänomen ist als Kulturschock bekannt und geht vorbei.

Und was sollte ich tun, wenn es mir über einen längeren Zeitraum richtig schlecht geht?
Zum Anpassungsstress können Magenschmerzen, Schlaflosigkeit, Appetitlosigkeit und Nervosität gehören. Diese Phase sollte aber nach drei bis sechs Monaten vorbeigehen. Wenn es einem schlecht geht, kann man auch im Ausland einfach zu Hause bleiben und sich ausruhen, ein Buch lesen oder Netflix schauen – sofern es Arbeit und Kinder zulassen.

Welche Personen werden im Ausland scheitern? Die Ängstlichen?
Die Ängstlichen gehen gar nicht erst weg. Es werden diejenigen scheitern, die nicht flexibel sind, die sich nicht auf andere Kulturen und Lebensumstände einstellen können. Und diejenigen, die nicht dazulernen wollen. Wer sich nicht einlassen kann und alles so machen will wie in Deutschland, der braucht es im Ausland gar nicht erst zu versuchen.

Katarina Lerch, Jahrgang 1965, leitet die Abteilung Interkulturelles Training der Carl Duisberg Centren in Köln. Sie hat Chinesisch und Indonesisch studiert und lange Zeit in China gelebt.

Vierter Teil

Die Welt ist mein Schreibtisch

Für Gerd Höfner war es eine Chance, die er nicht ausschlagen wollte: Er bekam das Angebot, für Siemens im indischen Bangalore die Software-Entwicklung zu übernehmen. Dass er 18 Jahre später den Posten noch immer innehaben und der Chef von 4000 indischen Angestellten sein würde, hätte er sich damals nicht vorstellen können. Dass er zwei Töchter haben würde, die in einem goldenen Käfig leben, auch nicht.

»Zwei Blondinen im Teenageralter können sich in Bangalore auf der Straße nicht allein bewegen, ohne ständig angesprochen zu werden«, sagt Höfner. Mal eben in den Bus steigen, um ins Shoppingzentrum zu fahren? Für die deutschen Mädchen undenkbar. Deshalb siedelte Höfner seine Familie in die gemeinsame Traumstadt Rom um – und pendelt nun nach Indien, wenn er nicht im italienischen Homeoffice arbeitet.

Die Menschen, die wir in diesem Kapitel vorstellen, sind von ihren Arbeitgebern in die Ferne geschickt worden – oder haben ihren Job aus Deutschland einfach mitgenommen. So wie Maren Wagener und ihr Mann Matthias. Die beiden leben seit fünf Jahren auf einem Segelboot im Mittelmeer und leiten ihre Firma von unterwegs. Auch ihre Angestellten dürfen arbeiten, wo sie mögen – solange sie per Chat, Mail und Telefon zu den deutschen Geschäftszeiten erreichbar sind.

Tia Pelz ist evangelische Pastorin und hat sich eine Gemeinde in den USA gesucht, um sich zusammen mit ihrer Familie den Traum vom Leben in der Ferne zu verwirklichen. Ihre erste Wohnung in Berkeley mietete sie über Facebook, ohne sie gesehen zu haben. »Total naiv, aber als wir ankamen, lag der Schlüssel tatsächlich dort, wo er liegen sollte«, sagt sie.

Gerd Höfner, Markus Schmid und Jens Gönnemann hatten von ihren Arbeitgebern Rundum-Sorglos-Pakete geschnürt bekommen und mussten sich kaum um den Umzug, um Versicherungen oder Steuererklärungen kümmern. Aber auch ein umsichtiger Arbeitgeber kann nicht alle Sorgen nehmen, wie ihre Beispiele zeigen – vor allem, wenn der Auslandseinsatz sehr viel länger dauert als ursprünglich geplant.

Ein Jahr hatte Markus Schmid in Nicaragua bleiben wollen, um dort zusammen mit zwei Kollegen für den schwäbischen Schokoladenhersteller *Ritter Sport* eine Kakaoplantage aufzubauen. Seinen Arbeitsplatz konnte er erst nur mit dem Pferd erreichen. Rund vier Kilometer trennten das Brachland, das zur Plantage werden sollte, von der nächsten asphaltierten Straße. Außer einem alten Holzgebäude mit Lehmboden gab es dort nichts: keinen Strom, kein fließendes Wasser, keine Kakaobäume. Heute werden dort Früchte von 1,5 Millionen Bäumen geerntet.

Aber die Verwandlung brauchte Zeit. Aus dem einen Jahr in Nicaragua wurden sieben – und aus Schmid ein dreifacher Vater. Als klar war, dass er länger im Ausland bleiben würde, war seine damals schwangere Lebensgefährtin nachgekommen. Freunde und Eltern seien besorgt gewesen, sagt Schmid, »aber meine Frau zögerte keine Sekunde«.

Wie es ist, wenn eine Partnerschaft während eines Auslandseinsatzes zerbricht, weiß Jens Gönnemann. Er ist für den Flugzeughersteller Airbus von München nach Sydney gezogen – und hat mittlerweile sogar die australische Staatsbürgerschaft angenommen. Morgens vor der Arbeit paddelt er manchmal durch den Hafen von Sydney und begegnet dort Delfinen. Und in diesen Augenblicken ist Deutschland so fern wie nie.

»Ich müsste bekloppt sein, um hier wegzugehen«

Jens Gönnemann, 54, war nie zuvor in Australien gewesen, dann schickte ihn sein Arbeitgeber Airbus hin. Bereits nach einigen Monaten in der Ferne wird ihm klar: Eine Rückkehr ist keine gute Option.

Bevor wir umgezogen sind, haben wir für unsere Söhne, damals zwei und vier Jahre alt, eine Weltkugel gekauft. Meine Frau und ich zeigten ihnen darauf, wo die USA sind, das Heimatland ihrer Mutter. Dann fragten wir sie, was auf der anderen Seite ist. »Australien, dort, wo es Kängurus gibt«, sagte der Große. »Wie wäre es, wenn wir dorthin ziehen würden?« Das fanden die Jungs spannend. Natürlich hatte ich Bedenken, dass sie ihr Zuhause in München vermissen könnten, aber in dem Alter sind Kinder doch dort zu Hause, wo die Eltern wohnen.

Ich war damals Büroleiter bei dem späteren Airbus-Chef Tom Enders. Zwölf Jahre ist das nun her. Als er nach Toulouse wechselte, fragte er mich, was ich mir für die Zukunft vorstellte. Ich wollte so weit weg wie möglich. Mich nervten die deutsch-französischen Geplänkel zwischen den damaligen Hauptsitzen von Airbus in Paris und München. Ich wollte außerdem etwas Neues ausprobieren und in einem Land leben, in dem ich noch nie zuvor war.

Es ist nicht ungewöhnlich für einen Büroleiter, ins Ausland

geschickt zu werden, das ist quasi der nächste Schritt auf der Karriereleiter. Offenbar hatte ich einen ordentlichen Eindruck hinterlassen, und das hat mir damals geholfen. So weit weg wie möglich – das bedeutete für mich Australien, denn dort gab es den von Europa aus am weitesten entfernten Standort von Airbus. Dorthin wurde ich als Managing Director entsandt.

Ich bin Fallschirmspringer, und durch mein Hobby kannte ich auch einige australische Sportler, die mir auf internationalen Sportevents immer am lautesten und lustigsten vorkamen. Ich hatte viel über das australische Lebensgefühl gehört, dass alle irgendwie lockerer seien – und genau darauf hatte ich Lust. Meiner Frau und mir fiel es nicht schwer zu gehen. Wir dachten damals auch noch, es sei kein Abschied für immer.

Airbus hat uns beim Umzug, der Suche nach einem Haus in Sydney und der Miete unterstützt. Das war damals Standard im Unternehmen und schon ein Luxus. Ich bin sehr dankbar dafür, weil es uns den Start in dem neuen Land sehr erleichtert hat und ich mich schnell auf meine Arbeit konzentrieren konnte. Unsere Möbel und unseren Hausrat ließen wir mit einem Container verschiffen, und die Spielzeuge der Kinder nahmen wir im Flugzeug mit.

Mein älterer Sohn ist im Flugzeug nach Sydney fünf Jahre alt geworden. Der Chef-Stewart gratulierte ihm per Lautsprecher, sagte allen Passagieren, dass der Kleine in Australien leben werde und von nun an »einer von uns« sei. In unserem neuen Haus hatte ich bereits bei einer vorherigen Dienstreise Geschenke für ihn deponiert, und eine Happy-Birthday-Girlande hing auch schon in der Küche. Das Leben auf dem neuen Kontinent hätte nicht besser beginnen können.

Zwei Tage nach unserer Ankunft habe ich meinen neuen Job angefangen. Hier war ich Chef von 750 Mitarbeitern, die zivile und militärische Helikopter sowie militärische Transportflugzeuge zusammenbauten und warteten. Eine sehr komplexe und manchmal auch undankbare Aufgabe, weil ich der Mittler zwischen den Erwartungen des Kunden und der Zentrale war. Und obwohl die Menschen hier insgesamt etwas entspannter sind, heißt das nicht, dass darunter die Arbeitsmoral leidet. Die Australier arbeiten hart und gewissenhaft. Inzwischen habe ich den Job gewechselt, weil ich für Airbus bereits acht Jahre auf dieser Position in Sydney gearbeitet hatte, normalerweise sind sogar nur drei bis fünf Jahre vorgesehen.

Jetzt bin ich australischer Staatsbürger

Seit vier Jahren leite ich nun das Advanced Manufacturing Growth Centre. Hier helfen mein Team und ich australischen Unternehmen dabei, nicht nur etwas im eigenen Land zu produzieren, sondern auch Aufgaben zu übernehmen, die zur gesamten Wertschöpfungskette gehören, wie etwa die Entwicklung vor und die Vermarktung nach der Produktion. Zudem engagiere ich mich seit ein paar Jahren im Vorstand der deutsch-australischen Handelskammer, mittlerweile als Vorsitzender.

Im Jahr 2012, also nach viereinhalb Jahren in Australien, konnte ich sogar die australische Staatsbürgerschaft annehmen. Das ging ziemlich mühelos – vermutlich auch, weil ich damals mit 45 Jahren unterhalb und mit meinem Gehalt oberhalb einer bestimmten Schwelle lag. Auch den Einbürgerungstest fand ich nicht schwer. An eine Frage kann ich mich noch erinnern: Sollten Frauen arbeiten dürfen? Es ging also mehr um die eigene Einstellung zu Werten und Normen des australischen Lebensstils und nicht so sehr um geschichtliche oder politische Fakten.

Doch ich habe auch Rückschläge erfahren müssen. Meine Frau und ich trennten uns vor acht Jahren. Und wenn eine Ehe im Ausland auseinandergeht, dann gilt eben auch das Recht dieses Landes. In Australien heißt das, beide Eltern kümmern sich grundsätzlich im Wechsel um die Kinder. Einfach in eine andere Stadt ziehen, weil man eine andere Partnerin oder einen anderen Partner hat, ist hier wegen der großen Entfernungen nicht so einfach.

Ich bin seit mehr als fünf Jahren neu verheiratet, meine australische Frau habe ich bei Airbus kennengelernt, als ich ihr aus Versehen einen Schaumstoffball an den Kopf geworfen habe. Wir sind aber erst zusammengekommen, als sie nicht mehr bei Airbus gearbeitet hat. Wir haben zusammen zwei Kinder, und die vier Geschwister verstehen sich sehr gut miteinander.

Bevor ich nach Australien gezogen bin, war ich zehn Jahre lang Mitglied der deutschen Fallschirm-Nationalmannschaft. In Sydney war es am Anfang schon hart, nicht mehr zusammen mit meinen Teammitgliedern und Freunden zu springen. Ich entschied mich daher erst mal, eine andere Sportart auszuprobieren: das Wellenreiten. Doch darin scheiterte ich leider ziemlich. Nach einem Jahr sprach mich ein lokaler Springer, den ich von vorherigen Weltmeisterschaften kannte, an, ob wir nicht ein australisches Vierer-Fallschirmteam gründen sollten; er kenne da noch zwei andere nette Springer mit viel Erfahrung. Wir haben uns von Anfang an gut verstanden, und nach etwas mehr als 40 Trainingssprüngen haben wir an der australischen Meisterschaft teilgenommen – und sogar gewonnen! Die zwei darauffolgenden Jahre haben wir ebenfalls den Titel geholt und am Weltcup teilgenommen, der in diesem Jahr ausgerechnet in Deutschland stattfand. Dort musste ich dann gegen meine ehemaligen Teammitglieder antreten – das war schon komisch, so im australischen Trikot.

Am Anfang meiner Zeit in Sydney musste ich mal im Juli beruflich nach Deutschland reisen. Und eines werde ich nie vergessen: Als ich in Frankfurt landete, war es nasser, kälter und dunkler als in Australien – obwohl dort gerade Winter war. Da war für mich klar: Ich will nicht wieder zurück, wenigstens nicht für immer.

Aus Deutschland vermisse ich eigentlich nur das Brot und die Autobahnen. Ich finde es gut, auch mal ohne Geschwindigkeitsbegrenzung fahren zu können. Meine Eltern sind um die 80 Jahre alt und kommen bislang noch gut zurecht. Mein bester Freund wohnt zum Glück in ihrer Nachbarschaft und kann nach ihnen schauen, das beruhigt. Meine beiden großen Jungs fliegen einmal pro Jahr in den Ferien zu ihren Großeltern, und ich bin auch mindestens einmal im Jahr geschäftlich in Deutschland und schaue nach ihnen.

Es gibt eigentlich keine Momente mehr, in denen ich darüber nachdenke zurückzukehren. Ich bin mit meiner Familie und mit meiner Arbeit sehr glücklich hier. Das Wetter spielt schon auch eine Rolle. Meine Frau wundert sich immer über meinen Drang, bei gutem Wetter ständig rauszugehen. Sie hält das für einen norddeutschen Reflex. Hier ist das Wetter fast immer gut, daher gehe ich ihr mit meinem Tatendrang manchmal auf die Nerven.

Wenn ich morgens vor der Arbeit mit meinem Surf-Ski durch den Hafen von Sydney paddle, ist das sensationell schön. Ab und an kommt mir eine Gruppe von Delfinen recht nahe. Da frage ich mich schon, wie bekloppt ich denn sein müsste, um hier dauerhaft wegzugehen.

Gut zu wissen

Wer als Deutscher in einem Land außerhalb der EU die Staatsangehörigkeit beantragt, verliert automatisch seinen deutschen Pass. Wer die deutsche Staatsangehörigkeit behalten möchte, muss eine »gefestigte, dauerhafte Bindung an Deutschland« nachweisen und glaubhaft darlegen, warum der angestrebte Erwerb der fremden Staatsangehörigkeit in der konkreten Situation vorteilhaft ist oder erhebliche Nachteile vermeidet. Außerdem muss der andere Staat die doppelte Staatsangehörigkeit zulassen.

»Ich reise um die Welt, ohne mir dafür Urlaub zu nehmen«

Es kam ihr vor wie die Suche nach der Nadel im Heuhaufen: Josefine Loewe, 30, brauchte lange, bis sie einen deutschen Arbeitgeber fand, der ihr erlaubte, von Bali aus zu arbeiten. Jetzt reist die Recruiterin seit zwei Jahren als Digitale Nomadin um die Welt – und wurde schon zweimal befördert.

Die Palmen hinter mir sind echt. Einer meiner Kunden war davon völlig verblüfft. Es stellte sich heraus, dass er die ganze Zeit gedacht hatte, ich hätte im Videochat einen Foto-Hintergrund aktiviert.

Ich arbeite als Recruiterin für Firmen, die keine eigene Personalabteilung haben oder dort kurzfristig Unterstützung brauchen. Im Moment bin ich gerade auf Teneriffa, davor war ich in Portugal und auf Bali. Ich bin eine Digitale Nomadin; ich reise um die Welt ohne mir dafür Urlaub nehmen zu müssen. Meine Arbeit nehme ich einfach mit.

Auf die Idee bin ich während einer Reise durch Südostasien gekommen. Ich hatte mir dafür vier Monate unbezahlten Urlaub von meinem Konzernjob genommen, und besonders gut gefiel es mir auf Bali. Hier treffen sich Digitale Nomaden aus aller Welt, es gibt Dutzende Anbieter von Co-Working-Spaces und Gästehäuser, die sich auf gemeinsames Wohnen und Arbeiten spezialisiert haben. Der Einstieg in die Welt des ortsunabhängigen Arbeitens wird einem in solchen Gästehäusern leichtgemacht: Schon am ersten Tag findet man dort ein halbes Dutzend neue Freunde aus aller Welt.

Und so habe ich von Bali aus meinen Job in Deutschland gekündigt. Meine Chefs hätten mir niemals erlaubt, außerhalb der Firmenzentrale zu arbeiten, aber ich war ohnehin mit der Arbeitskultur unzufrieden, und deshalb fiel mir der Schritt leicht.

Vier Monate lang habe ich mein Glück als selbstständige Recruiterin versucht. Aber sich eine Existenz neu aufzubauen und gleichzeitig ein neues Leben in der Ferne zu beginnen, war einfach zu viel. Also bin ich zurück nach Deutschland und habe mich auf die Suche gemacht nach einem Arbeitgeber, der kein Problem damit hat, dass ich nicht vor Ort im Büro, sondern am anderen Ende der Welt arbeite.

Zwischendurch kam mir das vor wie die Suche nach der Nadel im Heuhaufen: Sobald ich im Vorstellungsgespräch von meinen Asienplänen erzählte, war ich schon aus dem Rennen. Vor allem die Zeitverschiebung und die Entfernung haben viele abgeschreckt. Einmal wurde ich sogar gefragt, ob ich polizeilich gesucht würde, als ich erzählte, dass ich keine Wohnung in Deutschland mehr habe. Aber letztlich fand ich doch einen Chef, den ich von mir und meinen Plänen überzeugen konnte.

Wir vereinbarten eine Probezeit von ein bis drei Monaten im Berliner Büro, in der ich die Tools, Prozesse und Strukturen kennenlernen konnte, die Kolleginnen und Kollegen treffen und ein wenig Vertrauen aufbauen. Mein Abflug nach Bali stand unter der Prämisse, dass diese Probezeit für alle Beteiligten gut läuft – ich durfte dann schon nach einem Monat los. Zum Flughafen bin ich am letzten Tag der vier Wochen direkt nach der Arbeit, den Rucksack hatte ich schon ins Büro mitgebracht.

Ein bisschen mulmig war mir aber, denn nach nur vier Wochen in einem Unternehmen kann man ja schwer abschätzen, ob die

Kommunikation aus der Ferne auch wirklich funktionieren wird und die Projekte so laufen werden wie erhofft.

Bali ist Deutschland sechs oder sieben Stunden voraus, je nachdem, ob gerade Sommer- oder Winterzeit ist. Mit meinem Chef hatte ich vereinbart, meine Arbeitszeit an die deutschen Geschäftszeiten anzupassen und immer zwischen 10 und 16 Uhr deutscher Zeit erreichbar zu sein. Die Praxis hat dann gezeigt, dass viele Kunden glücklich sind, wenn man ihnen Termine sehr früh am Tag anbietet, weil dann noch nicht so viel los ist.

Meistens war ich deshalb ab 8 Uhr deutscher Zeit erreichbar, das heißt, mein Arbeitstag auf Bali begann um 14 Uhr und endete um 23 Uhr. Mittagspause machte ich zeitgleich mit den Kollegen in Deutschland, »Sunset-Break« nannte ich das. Denn auf Bali geht die Sonne jeden Tag zwischen 18 und 19 Uhr unter, egal ob Sommer oder Winter, und so konnte ich jeden Tag den Sonnenuntergang anschauen und dann zu Abend essen, bevor es weiterging mit der Arbeit. Der späteste Telefontermin, den ich mal hatte, war um Mitternacht. In der Regel habe ich aber nach 23 Uhr Ortszeit keine Termine mehr angenommen, was für die Kollegen in Deutschland auch völlig okay war.

Mein Chef hatte mir von sich aus angeboten, auf Bali einen Schreibtisch in einem Co-Working-Space zu finanzieren, und das Angebot habe ich gerne angenommen. Täglich zur selben Zeit ins Büro zu gehen hat meinem Tag Struktur gegeben, außerdem war es schön, bei der Arbeit nicht ganz allein zu sein. Mein Co-Working-Space auf Bali hat rund 200 Euro im Monat gekostet und war rund um die Uhr geöffnet, eigentlich war immer etwas los. Dadurch, dass dort so viele Menschen aus so vielen Ländern arbeiten, ist immer für jemanden gerade Hauptgeschäftszeit.

Meine Zeit auf Bali fand ein jähes Ende, als ich Freunde in Australien besuchte – und mitten in den ersten Corona-Lockdown geriet. Aus den geplanten zehn Tagen, die ich bei meinen Freunden hatte bleiben wollen, wurden zehn Wochen. Gearbeitet habe ich dann von dort, aber nach Absprache mit meinem Chef nur wenige Stunden am Tag. Nach Bali durfte ich nicht wieder einreisen. So blieb mir nur der Rückflug nach Deutschland.

Den Sommer über nahm ich mir ein WG-Zimmer in Berlin und arbeitete dort im Büro, was nach fast zwei Jahren Remote-Arbeit eine ganz merkwürdige Erfahrung für mich war – und mich darin bestärkt hat, auch in Zukunft als Digitale Nomadin unterwegs sein zu wollen. Denn tatsächlich bin ich unterwegs produktiver.

Lieber Sonnenuntergang auf einem Vulkan als überfüllte U-Bahn

Die Arbeitsleistung von mir und meinen Kollegen lässt sich sehr genau an Umsatzzahlen messen. Da wir für andere Firmen im Einsatz sind, müssen wir unsere Arbeitszeit detailliert dokumentieren, und da zeigt sich, dass ich die beste Leistung bringe, wenn ich nicht im Büro sitze. Das hat wahrscheinlich damit zu tun, dass ich ein sehr kommunikativer Mensch bin und im Büro ständig in Versuchung komme, mit anderen zu quatschen. Aber unterwegs kann ich mich auch viel leichter von der Arbeit erholen.

Es macht schon einen Unterschied, ob ich mich abends in eine überfüllte U-Bahn quetsche oder zum Sonnenuntergang auf einen Vulkan wandere, wie hier auf Teneriffa. Sobald ich den Laptop zuklappe, ist die Arbeit weg, und ich kann abschalten. Das ist mir in Berlin nicht gelungen, und deshalb habe ich mich sobald wie möglich wieder auf den Weg in die Sonne gemacht.

Ich arbeite derzeit 32 Stunden die Woche, jeden Freitag habe ich frei. Das ist für mich die perfekte Work-Life-Balance. So kann ich an den Wochenenden auch mal längere Ausflüge machen. Jetzt, wo ich auf Teneriffa bin, zum Beispiel nach La Gomera.

Vom Strand aus zu arbeiten finde ich mit dem Laptop schwierig. Mir ist es schon wichtig, einen richtigen Arbeitsplatz mit Tastatur,

Maus, Monitor, Laptopständer und anständigem Stuhl zu haben, und darauf achte ich auch bei meinem Team.

In den eineinhalb Jahren, die ich jetzt für Kooku arbeite, wurde ich schon zweimal befördert und führe nun ein kleines Team aus drei Mitarbeitern. 90 Prozent meiner Arbeitszeit verbringe ich jetzt mit Gesprächen, sei es per Chat oder Telefon. Das ist teilweise schon eine Herausforderung: Wegen der Corona-Krise haben die meisten Co-Working-Spaces geschlossen, und ich muss zu Hause immer erst einen Arbeitsplatz finden, der ruhig genug ist und an dem ich auch meine Mitbewohner nicht störe. Als Texter oder Software-Entwickler hat man es da einfacher.

Die ersten Monate auf Bali habe ich in einem Gästehaus für Digitale Nomaden gelebt, aber auf die Dauer wurde mir dort das ständige Kommen und Gehen zu viel. Ich suche mir jetzt gezielt Mitbewohner, die sich mit mir die Miete teilen, was aber meist ganz einfach ist: Es gibt viele Facebook- und Meet-up-Gruppen, in denen man Gleichgesinnte findet, und viele trifft man auch ständig wieder, denn weltweit gibt es klassische Hotspots für Digitale Nomaden; Chiang Mai in Thailand zum Beispiel oder Ubud auf Bali, aber auch Lissabon oder eben Teneriffa.

Hier leben wir gerade zu dritt in einem Haus mit drei Schlafzimmern. Der eine Mitbewohner arbeitet als User-Experience-Designer für eine Fluglinie in Madrid, der andere als CEO eines Start-ups in London – diese bunte Mischung finde ich großartig. Typische WG-Streitigkeiten gibt es nur selten, wahrscheinlich, weil alle, die als Digitale Nomaden leben, auch ähnlich ticken. Und wenn man doch mal auf jemanden trifft, mit dem man sich nicht versteht, zieht man eben weiter.

Diese Unverbindlichkeit macht es mitunter schwer, feste Beziehungen einzugehen. Langfristig könnte ich mir deshalb vorstellen, mir ein festes Zuhause in Südeuropa zu suchen. Das Leben auf Bali ist zwar großartig, aber als Ausländer lebt man auch in einer Blase.

Für rund 1200 Euro im Monat hat man auf Bali ein luxuriöses Leben; wohnt in einem Haus mit Pool, das zweimal die Woche geputzt wird, geht dreimal am Tag auswärts essen, kriegt seine Wäsche gewaschen und gebügelt und lässt sich zweimal pro Woche massieren. Dienstleistungen sind dort einfach unfassbar günstig. Das bedeutet aber auch, dass man für ein Eis an der Tankstelle so viel zahlt wie für die saubere Wäsche einer ganzen Woche. Da stimmen die Relationen nicht – und auf Dauer fühle ich mich damit unwohl.

Gut zu wissen

Digitale Nomaden bewegen sich in vielen Ländern rechtlich in einer Grauzone. Wer mit einem Touristenvisum einreist, darf damit vor Ort in der Regel nicht arbeiten. Da die meisten Digitalen Nomaden aber weiter in ihrer Heimat gemeldet sind und dort auch ihre Kunden haben, fallen sie nicht unter die lokalen Arbeitsgesetze.

Im Extremfall kann der Traum vom mobilen Arbeiten unter Palmen allerdings auch mit einer Abschiebung in die Heimat enden, wie ein Fall von zwei Influencerinnen zeigt, die im Januar 2021 aus Bali in die USA abgeschoben wurden: Die Behörden werfen den Frauen vor, gegen die Einwanderungsbestimmungen verstoßen, ihre Visa überschritten und keine Steuern in Indonesien gezahlt zu haben. Wer auf der sicheren Seite sein will, informiert sich vorab beim Auswärtigen Amt über die Einreisebedingungen des jeweiligen Landes. Einige Staaten, zum Beispiel Barbados, bieten mittlerweile auch spezielle Visa für Digitale Nomaden an.

»Meine Töchter lebten in einem goldenen Käfig«

Einmal im Jahr weiht ein Priester die Computer: Gerd Höfner, 61, Chef von 4000 IT-Angestellten in Bangalore, muss ihm dabei assistieren. Hier erzählt er, was er in 18 Jahren in Indien gelernt hat.

7000 Kilometer liegen zwischen den beiden Wohnsitzen von Gerd Höfner: Der Geschäftsführer des Medizintechnik-Konzerns Siemens Healthineers in Indien pendelt zwischen dem indischen Bangalore und Rom. 13 Stunden dauert der Flug, mit Umsteigen. Höfner, der seit mehr als 20 Jahren für Meetings um die Welt jettet, strengt das nicht mehr an als andere ein Trip von Hamburg an die Ostsee. Alle zwei Wochen flog er die Route – bis die Corona-Krise ihn in Italien festhielt.

Seit März arbeitet der Chef von fast 4000 Angestellten, die in Bangalore und in der Slowakei Software für medizinische Geräte entwickeln, nun in einer Ecke eines Apartments in Rom. Bis zu den Sommerferien saßen seine Töchter nebenan in virtuellen Klassenzimmern. Sie sind 14 und 16 Jahre alt und gehen in Rom auf die internationale Schule.

Nein, sagte er, seine Frau und er fühlten sich in Indien so wohl, dass sie sich eine Rückkehr nach Deutschland nur schwer vorstellen könnten. Sie wohnten damals in einem Compound, einer umzäunten Wohnanlage mit vielen internationalen und auch indischen Nachbarn. »Das hat den Vorteil, dass die Kinder mal schnell zu ihren Freunden rüberlaufen können«, hatte Höfner damals gesagt. Jetzt sagt er: »Sie lebten in einem goldenen Käfig.« Mit der Familie in Indien zu leben sei perfekt – aber nur bis zu einem bestimmten Alter. »Zwei Blondinen im Teenageralter können sich in Bangalore auf der Straße nicht allein bewegen, ohne ständig angesprochen zu werden«, sagt Höfner. Mal eben in den Bus steigen, um ins Shoppingzentrum zu fahren? Für die deutschen Mädchen undenkbar.

Ein weiterer Punkt, der den Höfners missfiel: Sie hatten wenig Gelegenheit, ihren Töchtern westliche Kultur nahezubringen. »Ein Beethoven-Konzert gibt es in Bangalore vielleicht einmal im Jahr, wenn das Goethe-Institut einlädt.«

Höfner und seine Frau setzten sich deshalb zusammen und überlegten: Wo wollen wir leben? Sie entschieden sich für Rom. Eine Zwischenlösung sei das, sagt Höfner. Denn nach Italien wollten sie eigentlich erst in ein paar Jahren ziehen, um den Ruhestand zu genießen.

Als junges Ehepaar haben die beiden während ihres ersten Auslandseinsatzes für Siemens schon in Italien gelebt, sie sind der Sprache einigermaßen mächtig, lieben die Kultur und die Lebensfreude. Wenn die Töchter Italienisch lernen und sich in Rom zu Hause fühlen, kommen sie als Erwachsene vielleicht häufiger mal zu Besuch, so die Überlegung.

Für Gerd Höfner, der bis zur Corona-Krise ohnehin fast jede zweite Woche dienstlich unterwegs war, schien es wenig Unterschied zu machen, ob die Familie nun in Bangalore, am Siemens-Healthineers-Stammsitz in Erlangen oder in Rom lebt. Und so zog Höfners Frau, die ihren Job als Gynäkologin an der Uniklinik in Erlangen vor fast 20 Jahren aufgegeben hatte, um ihm nach Bangalore zu folgen, mit den beiden Mädchen nach Italien.

»Es wird gebaut, gebaut, gebaut, aber die Stadt hinkt immer dem Bedarf hinterher«

Gerd Höfner hat das Haus in Bangalore gegen ein Apartment auf demselben Compound getauscht, zwei Hunde und eine Katze sind noch dort – sie werden von einer Hausangestellten versorgt. Höfner hat auch einen eigenen Fahrer, was in Indien für Ausländer die Regel ist und ihm ermöglicht, seinen Arbeitstag in Bangalore schon im Auto zu beginnen. Denn für die knapp 20 Kilometer ins Büro braucht er mindestens eine Dreiviertelstunde, oft noch länger.

Bangalore wächst seit Jahrzehnten rasant. Höfner kann sich noch an die Eröffnung der ersten Shoppingmall im Jahr 2005 erinnern. Als seine Frau und er in die Stadt zogen, gab es nur zwei Supermärkte, und auf den Straßen turnten wilde Äffchen. Mittlerweile gibt es kaum noch Affen, aber 70 Einkaufszentren, eine U-Bahn und kilometerlange Autobahnbrücken, in deren Staus sich Jahr für Jahr Tausende neue Pendler einreihen. »Es wird gebaut, gebaut, gebaut, aber die Stadt hinkt immer dem Bedarf hinterher«, sagt Höfner.

Wie viele Einwohner die Stadt derzeit hat, weiß niemand so genau, laut Schätzungen sind es zwölf bis 15 Millionen Menschen. Und jedes Jahr kommen rund eine halbe Million neue Einwohner hinzu. Bangalore, früher lediglich ein günstiger Outsourcing-Standort, hat sich zu einem der wichtigsten Tech-Hubs der Welt entwickelt: Ob Google oder Microsoft, Goldman Sachs oder Huawei, ABB oder eben Siemens – die globale Konzernelite treibt hier die Digitalisierung ihrer Geschäfte voran. Rund 1250 Unternehmen haben solche »Global Inhouse Center«, eigene IT-Ableger, in Indien gegründet – knapp die Hälfte davon in Bangalore.

Anders als in Europa, wo Firmen um Informatiker buhlen müssen, gibt es in Bangalore mehr Bewerber als Stellenausschreibungen in internationalen Konzernen. »Indische IT-Dienstleister haben oft mehr als 200 000 Mitarbeitende. Sie stellen jedes Jahr

10 000 neue Leute ein – das ganze Recruiting ist aber auch entsprechend anonym und auf Masse ausgelegt, und die Arbeitsinhalte sind nicht immer so interessant«, sagt Höfner. »Das macht uns als Global Inhouse Center für Softwareingenieure attraktiv.«

Siemens Healthineers ist unter Höfners Führung vom Beratungsinstitut »Great Place to Work« wiederholt als besonders guter Arbeitgeber in Indien ausgezeichnet worden. Für das Ranking werden unter anderem auch alle Mitarbeitenden befragt: Wird in ihrer Abteilung immer der Richtige befördert? Wie zufrieden sind sie mit ihrer Work-Life-Balance? Im Schnitt gaben sieben von zehn Angestellten der Firma Bestnoten. Darauf ist Höfner stolz. Er legt viel Wert auf eine gute Arbeitsatmosphäre, eine »Thank-God-It's-Monday-Culture«, wie er es nennt: Statt das Ende der Arbeitswoche sollen seine Mitarbeitenden den Beginn herbeisehnen.

Seit März hat sich Höfner persönlich bei mehr als 700 Mitarbeitenden per Videochat nach ihrem Wohlergehen erkundigt. »We listen more than we talk«, mehr Zuhören als Reden, ist eines der sieben Prinzipien der Siemens Healthineers und sein Motto als Manager. Eine Stunde pro Tag blockt er sich für solche Gespräche – bei denen die Mitarbeitenden auch gern mal von ihren Kindern erzählen.

Welch hohen Stellenwert das Familienleben in Indien im Arbeitsalltag hat, hatte Höfner schon in Deutschland bei einem interkulturellen Training gelernt. Auf diesem hatte er bestanden, nachdem Siemens ihn zuvor ohne Vorbereitung nach Genua geschickt hatte und er dort nur mit großen Mühen das Vertrauen der Belegschaft gewinnen konnte. »In Indien wollte ich es besser machen«, sagt Höfner.

Dem Rat der interkulturellen Trainer folgend, lud er als erste Amtshandlung in Bangalore alle Abteilungsleiter zu persönlichen Gesprächen ein und fragte sie aus: Bist du verheiratet? Wie viele Kinder hast du? »Aus deutscher Sicht ist das schwer vorstellbar, aber in Indien ist das unabdingbar«, sagt Höfner.

Gewöhnungsbedürftig war für ihn auch der Feiertag Ayudha Puja: An diesem Tag segnen Priester die Arbeitsgeräte, seien das nun Bagger, Kochtöpfe oder eben Computer. Und der Chef muss traditionellerweise bei der Zeremonie assistieren. Nach 18 Jahren ist das für Höfner nun kein Problem mehr:»Der Priester und ich kennen uns schon.« Er habe von Anfang an versucht, sich anzupassen, sagt Höfner. Dem Essen mit den Fingern könne er mittlerweile sogar etwas abgewinnen: Man verbrenne sich nie die Zunge, und durch das Anfassen erlebe man das Essen auf einer weiteren sinnlichen Ebene.»Kultur ist nie gut oder schlecht, sondern nur anders.«

Als sich am internationalen Yoga-Tag die komplette Belegschaft von Siemens Healthineers mit Kindern und Partnern zu einer virtuellen Yogastunde zusammenschaltete, war Höfner mit seiner Familie von Rom aus dabei. In der Corona-Krise ist er zu einem Fan der Videotelefonie geworden. Die Geschicke der Firma in Bangalore von Rom aus zu leiten funktioniere erstaunlich gut, sagt er. Und die Mitarbeitenden seien im Homeoffice sogar noch produktiver als im Büro in Bangalores »Electronic City« – was wohl vor allem daran liege, dass sie einen Teil der eingesparten Pendelzeit der Firma schenkten. Höfner bezweifelt, dass dieser Effekt anhält, glaubt aber trotzdem an die Zukunft des Homeoffice.

Siemens will im Konzern zum weltweiten Standard machen, dass mehr als die Hälfte der Mitarbeiter künftig an zwei bis drei Tagen pro Woche nicht mehr ins Büro oder ins Werk müssen, sondern von zu Hause aus arbeiten können.»Aber warum müssen sie überhaupt ins Büro?«, fragt Höfner. Sicher gebe es Themen, die besser persönlich besprochen werden, deshalb mache es Sinn, ins Büro zu kommen, wenn es notwendig sei. Ansonsten aber könne man von zu Hause oder sonst wo arbeiten. Siemens Healthineers ist als eigenständige Firma im MDAX gelistet und kann unabhängig vom Mutterkonzern Regeln aufstellen. Diese werden nun für die Nach-Corona-Zeit erarbeitet.

Ob er selbst zu seinem alten Jetset-Leben zurückkehren wird? Höfner lacht. Zwischen Bangalore und Rom werde er wohl weiter pendeln. »Aber ich werde sicherlich weniger Dienstreisen machen. Wahrscheinlich wird es auf einen Mix hinauslaufen aus persönlichen und virtuellen Meetings, die abwechselnd stattfinden.«

Ich bin Pastor Tia

Tia Pelz, 35, ist mit ihrem Mann und zwei kleinen Kindern nach Kalifornien ausgewandert. Dort arbeitet sie als Pastorin und kämpft um ihre Gemeinde, die immer älter wird.

Meine erste Aufgabe im neuen Job war eine Beerdigung. Der Mann war 86 Jahre alt, seit Jahren krank und hatte seit ein paar Monaten in einem Pflegeheim gewohnt. Ich war erst sechs Tage Pastorin meiner neuen Gemeinde und sollte über einen Mann reden, den ich nur aus Erzählungen kannte. Seine Frau wünschte sich eine kirchliche Beerdigung. Der Mann war nicht sonderlich gläubig gewesen, und die Ehefrau fürchtete, ich würde die Beerdigung ablehnen, weil er kein Mitglied meiner Gemeinde gewesen war. Aber das war mir egal – ich war dankbar für das Vertrauen, das mir die Angehörigen entgegenbrachten, und alles lief gut.

Seit ich in der elften Klasse ein Jahr lang in Kanada war, zieht es mich in die Ferne. Während meines Theologiestudiums verbrachte ich drei Semester in Rumänien und Griechenland. Nach meiner Doktorarbeit über die Rolle der Kirchen in der friedlichen Revolution 1989 habe ich in Hamburg meine praktische Ausbildung zur evangelischen Pastorin begonnen – das Vikariat. Weil ich aber unbedingt noch einmal länger in ein anderes Land wollte, entschied ich mich dazu, noch ein Auslandsvikariat dranzuhängen.

Dabei war Folgendes ganz wichtig: Mein Mann sollte im Ausland einen spannenden Job finden, und unsere zwei Kinder sollten es dort auch gut haben. Ein Jahr haben wir gebraucht, um den perfekten Ort zu finden. Australien war uns zu teuer, Singapur zu leistungsorientiert. Inzwischen leben wir seit knapp eineinhalb Jahren in Berkeley, Kalifornien. Ich arbeite als Pastorin, und mein Mann forscht als Postdoc an der Uni.

Bevor ich in die USA zog, wurde ich zur Pastorin ordiniert, damit ich auch im Ausland alle Rechte in meinem Amt habe, also taufen darf oder das Abendmahl feiern kann. Ich bin also als offiziell ordinierte Pastorin in der Position einer Auslandsvikarin in die USA gegangen – und zwar mit einem Programm der Evangelischen Kirche Deutschland, das auf ein Jahr ausgelegt war. Die einzige Vorgabe war, mir eine deutschsprachige Gemeinde zu suchen. Die fand ich in der Sankt Matthäuskirche in San Francisco, wohin ich von Berkeley aus pendelte. Dort unterstützte ich ein Jahr lang die deutsche Pastorin der Gemeinde. Die Nordkirche zahlte mir damals weiter mein Gehalt, und die Sankt Matthäuskirche erhielt kostenlos eine zweite Pastorin.

Wir sind mit unseren zwei Kindern, damals vier und sechs Jahre alt, und sieben Koffern hierhergeflogen. Von Deutschland aus fanden wir über Facebook eine möblierte Wohnung. Wir überwiesen die Miete, ohne die Wohnung je gesehen zu haben. Total naiv, aber als wir ankamen, lag der Schlüssel tatsächlich dort, wo er liegen sollte.

Eigentlich wollten wir nur ein Jahr bleiben, doch nach drei, vier Monaten in Kalifornien merkte ich, wie gut es mir dort ging. Das Wetter ist eigentlich immer gut, wir sind in 20 Minuten am nächsten Strand, und wir sind umgeben von tollen Wäldern. Am liebsten sind mir aber die Menschen hier: Berkeley ist eine internationale Unistadt, in der wir Leute aus der ganzen Welt treffen. Ich habe noch nie zuvor an einem fremden Ort so schnell so viele spannende Menschen kennengelernt, Hilfe bekommen und krisenfeste Freundschaften geknüpft.

Weil ich also bleiben wollte, meldete ich mich bei der lutherischen Landeskirche, der Evangelical Lutheran Church in America (ELCA). Das Büro von Bischof Mark hatte Interesse und leitete meine Bewerbung an zwei ihrer Gemeinden hier in der Gegend weiter. Beide boten mir eine Stelle an.

In Fremont, einer Stadt etwa 40 Kilometer von San Francisco entfernt, setzte ich mich gegen drei weitere Mitbewerber durch. In zwei zweistündigen Vorstellungsgesprächen wurden mir Fragen gestellt, wie: »Was ist Ihnen bei der Gemeindearbeit am wichtigsten? Wie ist Ihr Predigtstil? Wie ist Ihr Konzept für die Gemeinde?«

Meine Lieblingsfrage war: »Was ist Ihrer Meinung nach die schlimmste Sünde?« Ich musste erst mal lachen und dachte, sie erwarten Ehebruch. Ich sagte dann: »Die Ursünde, dass wir Menschen wie Gott sein wollen. Und dann nicht damit klarkommen, eben nicht Gott zu sein und uns seit Anbeginn der Zeiten darüber streiten und töten.« Das fanden sie wohl ganz gut.

Seit zwei Monaten habe ich nun meine eigene amerikanische Gemeinde hier. Am Telefon melde ich mich nur noch mit: »Hi, it's Pastor Tia«.

Mein Sohn hat so getan, als würde er nichts verstehen

Es ist schon ungewöhnlich, sein Vikariat im Ausland fortzuführen. Finanziell ist das super schwierig. Im Auslandsvikariat habe ich 1670 Euro netto im Monat verdient, dazu 150 Euro Auslandszuschlag, aber es gibt kein Kindergeld mehr, und steuerlich werden mein Mann und ich eingestuft, als wären wir Singles.

Für eine kleine 3-Zimmerwohnung zahlen wir hier warm 3000 US-Dollar im Monat, die Kita kostet 1750 Dollar im Monat, und Essen ist dreimal so teuer wie in Deutschland. Selbst mit dem Gehalt meines Mannes war es finanziell wirklich eng. Als Pastorin verdiene ich jetzt netto fast dreimal so viel wie vorher. Nachdem ich den Vertrag unterschrieben hatte, haben wir uns erst mal ein gebrauchtes Auto gekauft. Diesen Luxus können wir uns nun gönnen.

Mit Kindern auszuwandern ist ziemlich hart. Mein vierjähriger Sohn hatte das Thema vor dem Umzug komplett ignoriert, aber meine Tochter wollte nicht umziehen und hat immer wieder gesagt, wie traurig sie das mache. Wir haben versucht, die Kinder kurzzeitig auf die englische Sprache vorzubereiten. Aber sie haben das total abgelehnt, und wir haben keinen Druck gemacht, weil wir sie nicht schon vorher demotivieren wollten. In Kalifornien waren sie dann allerdings ziemlich frustriert, weil sie sich nicht verständigen konnten. Zwei Tage nachdem wir angekommen waren, haben wir unseren Sohn direkt in die Kita geschickt. Er war dort jeden Tag acht Stunden – so konnte er sehr viel die neue Sprache hören.

Zum Glück hat ihn mein Mann gebracht und geholt – ich hätte das nicht gekonnt. Mein Sohn hat jeden Morgen beim Abgeben geweint, und nachmittags hatte sich so viel Frust angestaut, dass er beim Abholen komplett durchdrehte. Theo weigerte sich monatelang, Englisch zu sprechen. Das hat mich genervt. Aber er wollte die Sprache wohl erst sicher genug können, um sie anzuwenden.

Die ersten sechs Monate waren besonders schlimm, da haben die beiden viel geweint. Mein Sohn hat auch lange so getan, als würde er nichts verstehen, wenn ihm Anweisungen seiner Erzieherinnen nicht passten. Das haben die natürlich durchschaut. Jeder, der sagt, Kinder würden fremde Sprachen ganz problemlos lernen, war nie in dieser Situation oder hat vergessen, wie es war. Zum Glück haben die zwei schnell begriffen, dass es lebensnotwendig ist, die Sprache zu lernen. Als mein Sohn nach einigen Monaten dann anfing zu reden, sprach er fast fehlerfrei.

Um unsere Tochter Toni in der Schule anzumelden, haben wir drei Wochen gebraucht. Wir mussten sie erst noch einmal impfen lassen, weil einige Impfungen aus Deutschland in den USA nicht anerkannt werden. Ihr Schulstart war ziemlich heftig, weil sie gleich in das zweite Halbjahr der Vorschule kam, in der die Kinder bereits Lesen, Schreiben und Rechnen lernen. Sie konnte das alles noch nicht und eben auch kaum ein Wort Englisch.

Aber Toni hatte Glück, denn ihre Lehrerin setzte sie neben ein anderes Mädchen aus Deutschland, und das hat ihr von Anfang an geholfen. Tonis Klassenkameraden haben dann sogar ein bisschen Deutsch gelernt und sie mit »Hallo, wie geht es dir?« begrüßt. Zum Mittagessen sagt nun die ganze Klasse: »Guten Appetit – you may eat.«

Außerdem bekommen alle Kinder, die noch nicht Englisch auf Niveau der Muttersprache sprechen, an den staatlichen Schulen pro Woche 150 Minuten extra Sprachförderung. Das hilft enorm. Ich finde die Schule hier ohnehin richtig gut. Ich bin mir sicher, dass meine Kinder nichts lernen, was ich zu Hause geraderücken müsste.

Meine Gemeinde ist mit 90 Menschen, den sogenannten Gemeindegliedern, mittelgroß für eine lutherische Gemeinde hier in der Gegend. Am Sonntag kommen etwa 45 bis 50 Leute in den Gottesdienst. Alles ist recht hochkirchlich, das heißt die Menschen feiern hier jeden Sonntag Abendmahl, und das Wort des Bischofs zählt viel mehr als in Deutschland. Wer in der Kirche ist, hat sich bewusst dafür entschieden.

Die Gemeindeglieder zahlen direkt mein Gehalt, der Altersdurchschnitt liegt bei 65 Jahren, und wenn ich 20 von ihnen verliere – etwa, weil sie sterben –, dann verliere ich vermutlich auch meinen Job.

Die große Frage für uns Pastoren ist es, wie wir es schaffen können, dass jüngere Generationen den Weg in die Gemeinde finden. Das ist eine echte Herausforderung in der säkularen Gegend hier und vor allem in Fremont, wo viele junge Familien indischer, afghanischer oder asiatischer Abstammung sind und andere Religionen haben.

Seit der Corona-Krise halte ich den Gottesdienst über Zoom. Und nun nehmen 20 Menschen mehr daran teil – auch mal im Schlafanzug und mit einer Tasse Kaffee in der Hand. Es kommen einige Gemeindeglieder, die normalerweise selten auftauchen, dazu Freunde und Verwandte. Selbst meine Familie aus Deutschland kann nun dabei sein.

Ich habe mir viele Gedanken gemacht, wie ich den Gemeindegliedern helfen kann, nicht zu vereinsamen während des Lockdowns. Deswegen starteten wir Telefonketten, sodass jeder mindestens einmal in der Woche von mir oder einem anderen Gemeindeglied angerufen wurde. Auf diese Weise lernte ich meine Gemeinde ziemlich intensiv kennen, weil die Menschen auf einmal Zeit zum Telefonieren hatten und dankbar waren, wenn jemand mal hören wollte, wie es ihnen geht.

Ich arbeite komplett auf Englisch. Zunächst hatte ich Angst, dass ich vielleicht in der Seelsorge nicht die richtigen Worte finden würde, aber ich kann ganz gut »Tabu« spielen und beschreibe dann einfach, was ich sagen will. Und wenn ich wirklich nicht verstehe, was mir jemand mitteilen will, dann wende ich eine Methode der Seelsorge an und bitte denjenigen einfach darum, mir alles nochmal mit anderen Worten zu erklären. Das hat den Effekt, dass der andere mehr über sich nachdenkt und ich ihn besser verstehe.

Ich mache natürlich auch manchmal noch Fehler. Neulich habe ich zum Beispiel statt »Candle Lighting« (Kerze anzünden) »Candle Lightning« (Kerzenblitz) gesagt. Aber wenn mir das auffällt, spreche ich das gleich an: »Habt ihr es gemerkt?« Und dann lachen wir gemeinsam. Mit einer Prise Humor geht alles, irgendwie.

Frankfurt ——→ Shanghai

Gearbeitet wird 996

Kevin Johannes Wörner, 27, lebt seit zweieinhalb Jahren in Shanghai. Um hier zu bestehen, arbeitet er härter denn je: Von neun Uhr morgens bis neun Uhr abends, sechs Tage die Woche.

Neulich lag ich in meinem Bett, und plötzlich fiel ein Stück Decke auf meinen Schreibtisch. Ich habe mich zwar erschrocken, aber es ist nichts weiter passiert. Mittlerweile nehme ich so etwas mit Humor. Es gehört wohl zum Leben in China dazu, dass nicht immer alles hundert Prozent perfekt ist.

Seit zweieinhalb Jahren lebe ich in Shanghai. Als ich hierher geflogen bin, hatte ich nur eine Tasche fürs Handgepäck mit meinem Handy, Laptop, Kamera und Ladegeräten dabei. Und einen großen Koffer mit Kleidung für ein paar Wochen, um nicht gleich vor Ort einen Waschsalon suchen zu müssen.

Mein bester Freund im Kindergarten war Chinese, ich war oft bei seiner Familie zum Spielen eingeladen. So kam ich also schon ziemlich früh mit der chinesischen Kultur in Kontakt. Während meines Wirtschaftsstudiums in Mannheim lernte ich auch Chinesisch und verbrachte ein Auslandssemester in Shanghai. Die Stadt ließ mich nicht mehr los.

Ich wusste, ich wollte dort als Unternehmensberater arbeiten. Chinas Wirtschaft erscheint mir sehr interessant, weil sie so unglaublich boomt und sicher auch noch die nächsten 50 Jahre relevant sein wird.

In Jing' An, einem zentralen Stadtteil Shanghais, hatte ich eine Wohnung über AirBnB gemietet und mich die ersten zwei Wochen mit Leuten verabredet, die ich noch aus dem Auslandssemester kannte. Allen meinen Kontakten erzählte ich, dass ich ein paar Jahre als Berater für Roland Berger gearbeitet und ein Start-up gegründet hatte und nun in Shanghai auf Jobsuche sei.

Und ich hatte Glück: Eineinhalb Monate nachdem ich in Shanghai gelandet war, hatte ich einen unterschriebenen Arbeitsvertrag. Besser hätte es für mich nicht laufen können.

Inzwischen bin ich für mehrere Geschäftsbereiche in unserem Unternehmen verantwortlich. Wir helfen Start-ups aus Ländern wie Italien, Südkorea, Japan, Russland, Österreich und Australien, auf dem chinesischen Markt Fuß zu fassen. Zum Beispiel betreue ich ein russisches Unternehmen, das eine App zum Fremdsprachenlernen nach China bringen will.

Unsere Leistung sieht dann meist so aus: Zuerst stellen wir den Gründern ein Büro in Shanghai zur Verfügung, dann bieten wir ihnen Workshops über die chinesischen Märkte an – welche Player es gibt, wie das Marketing hier funktioniert und wo man Geld verdienen kann. Dann helfen wir den Start-ups, ein Netzwerk aufzubauen, indem wir Treffen mit potenziellen Geschäftspartnern vermitteln. Gute Gründer erkennen wir daran, dass sie uns als Sprungbrett nutzen und dann selbst mit dem Netzwerken beginnen, Investoren suchen und die ersten Kundenverträge abschließen. In einige Start-ups investieren wir auch.

Ich habe für die Arbeit in Shanghai ein Motto gefunden: Humble hustle. Wer hier erfolgreich sein will, muss demütig genug sein, um zu erkennen, dass er nichts über den Markt weiß und so viel lernen muss wie möglich. Und er muss 996 arbeiten – also von neun Uhr morgens bis neun Uhr abends, sechs Tage die Woche. Diejenigen, die nur von neun bis 17 Uhr arbeiten, die bekommen ein Problem: Ein Chinese könnte die Idee entdecken, härter arbeiten und den Konkurrenten überholen.

Oft kommen 80 Stunden in der Woche zusammen

Mir macht es nichts aus, so viel zu arbeiten. Oft kommen 80 Stunden in der Woche zusammen. Aber ich kann mir die Zeit gut einteilen und habe mir schnell ein Hobby gesucht, damit ich neben der Arbeit noch etwas anderes habe. Jetzt trainiere ich Muay Thai – so eine Art Thai Kickboxen, bei dem die Sportler auch ihre Ellbogen und Knie einsetzen können.

Manchmal gehe ich gegen sechs Uhr abends zum Training und setze mich dann um zehn noch mal ins Büro. Manchmal arbeite ich auch sonntags.

Meine Eltern konnten nicht verstehen, wieso ich meinen gut bezahlten Job nach ein paar Jahren gekündigt habe und nach China gezogen bin. Aber ich habe mir gesagt, wenn ich erst einmal über 30 bin, in Deutschland einen normalen Job habe und eine Familie gründen will, dann gehe ich nicht mehr ins Ausland.

Am meisten musste ich mich daran gewöhnen, plötzlich ein chinesisches Unternehmen zu repräsentieren. Ich bin auf eine Position gekommen, wo ich Vertretern anderer Regierungen unser Unternehmen vorstelle oder mit CEOs von mittelständischen Unternehmen essen gehe. Manche Geschäftspartner sind skeptisch, wenn sie sehen, dass ich noch so jung bin. Umso wichtiger ist es, mich mit klugen Beiträgen ins rechte Licht zu rücken. Und das hat bislang immer gut geklappt.

Generell fühle ich mich in Shanghai ziemlich wohl, die Stadt verändert sich fast täglich, alles ist sehr futuristisch – zum Beispiel gibt es Snackautomaten, bei denen man mit Gesichtserkennung bezahlt. Ich bin hier in einer Stadt, die boomt, die Leute sind extrem ambitioniert, und immer scheint es irgendwo eine Möglichkeit zu geben, um Geschäfte zu machen.

Aber ich glaube nicht, dass ich für immer hierbleibe. Als Ausländer werde ich hier nie komplett integriert sein, zum Beispiel werden mir immer manche Investmentmöglichkeiten verwehrt bleiben. Und bis ich hier in der Natur bin, muss ich zwei Stunden fahren. Eigentlich muss man fliegen, um Rückzugsorte zu finden.

Man muss auch damit klarkommen, dass China kein demokratisches Land ist. Ich habe einige meiner Kollegen und Freunde gefragt, wie sie das autoritäre System finden. Manche meinten sogar, sie hätten gar keinen Bock auf eine Demokratie, weil es ihnen wirtschaftlich sonst niemals so gut gehen würde wie jetzt. Am Anfang war ich von so einer Aussage total schockiert, aber mittlerweile glaube ich, dass es wohl für jedes Land und zu jedem Entwicklungszeitpunkt eine richtige Form gibt. Aber Pressefreiheit sollte es schon geben. Ich kann von China aus nicht einfach so auf deutsche Nachrichtenseiten gehen, Youtube oder Whatsapp benutzen. Nur über Programme, die ich downloade, kann ich die Sperre umgehen. Die Regierung toleriert das meist bei Expats.

Und so faszinierend wie die Stadt ist, so erschöpfend ist sie auch. Ich vergleiche das Leben hier gern mit einer Achterbahn: Man kann eine ganze Weile damit fahren, und solange macht es auch Spaß. Aber irgendwann wird einem vielleicht übel.

»Morgens springen wir erst mal ins Wasser«

Maren Wagener, 42, und ihr Mann leben seit sechs Jahren auf einem Segelboot im Mittelmeer. Ihre Wohnung in Hamburg haben sie aufgegeben, ihre Jobs aber behalten: Sie arbeiten an Bord.

Als wir vor sechs Jahren aufs Schiff gezogen sind, war eine unserer größten Sorgen, unseren Kunden könnte unsere physische Anwesenheit fehlen. Aber das war völlig unbegründet – die meisten interessiert gar nicht, wo wir sind, solange wir ihre Probleme lösen.

An uns wenden sich zum Beispiel Werbeagenturen, wenn für eine Kampagne ganz kurzfristig eine App, ein Werbebanner oder eine Webseite programmiert werden muss. Oft sind wir eine Art Feuerwehr, die schnell Teams aus Projektleitern und freiberuflichen Entwicklern zusammenstellt, um diese Aufträge zu erledigen. Wir haben acht festangestellte Projektleiterinnen, und alle können dort arbeiten, wo sie möchten. Schon vor Corona stand unser Hamburger Büro deshalb die meiste Zeit über leer. Eine Mitarbeiterin pendelte bis zum Ausbruch der Corona-Krise zum Beispiel zwischen Hamburg und Ærø, eine andere zwischen Bremen und Berlin. Nun arbeiten alle zu Hause – und für uns ist das Zuhause eben unser Katamaran.

Wir sind noch in Deutschland gemeldet und zahlen dort Steuern, aber unsere Wohnung in Hamburg haben wir aufgegeben. Ein paar Sachen haben wir eingelagert, aber die meisten Möbel und Dinge haben wir gespendet, verschenkt oder verkauft. Wenn wir jetzt etwas Neues kaufen, muss etwas Altes gehen – das gilt für Schuhe, Kleider, alles. Anders geht es nicht, denn wir haben ja keinen Keller, in dem wir Sachen verstauen könnten. Aufs Jahr hochgerechnet sind die Hafengebühren günstiger, als es unsere Wohnung in Hamburg war. Tatsächlich haben sich unsere Lebenshaltungskosten im Vergleich zu früher kaum verändert.

Eigentlich hatten wir in diesem Jahr zum ersten Mal den Atlantik überqueren wollen. Als im März 2020 der erste Lockdown kam, lagen wir gerade vor Mallorca im Hafen – und durften zwei Monate lang unser Schiff nicht verlassen. Selbst Schwimmen war verboten. Nur alle zwei Wochen durfte einer von uns zum Einkaufen an Land. Erst Ende April wurden die Regeln stufenweise gelockert, dann war zumindest für wenige Stunden am Tag Sport an Land wieder erlaubt.

Für uns war das weniger belastend als viele denken; wir sind das Leben auf engstem Raum ja gewöhnt. Und immerhin hatten wir eine tolle Aussicht. Der Lockdown war deshalb sicherlich trotz der Enge sehr viel angenehmer als in einer Ein-Zimmer-Wohnung irgendwo in der Stadt. Unser Wohn- und Arbeitszimmer auf der »Vast« ist nur rund zwölf Quadratmeter groß, aber ich habe es trotzdem geschafft, während des Lockdowns darin fünf Kilometer am Tag zu laufen, immer im Kreis herum.

Entschädigt für die Zeit im Hafen hat uns auch die anschließende Reise rund um Mallorca. Die Balearischen Inseln einmal ohne die vielen Touristen entdecken zu können war eine großartige Erfahrung. Nun liegen wir wieder in einem mallorquinischen Hafen, denn auch einen zweiten Lockdown verbringen wir lieber auf dem Schiff als auf dem Festland. In Hamburg hätten wir jetzt jeden Tag Nieselregen, hier sitzen wir vor traumhafter Kulisse in der Sonne, dafür sind wir sehr dankbar.

Ich habe die Firma »Vast Forward« vor zwölf Jahren gegründet und schon damals versucht, den Kunden zu erklären, dass es nicht nötig ist, für jedes Briefing und jede Abstimmung quer durchs Land zu reisen. Die Projektkommunikation lässt sich in der Regel wunderbar per E-Mail, Skype oder Telefon führen.

Mein Mann Matthias war als Digitalberater oft bei Kunden vor Ort. Gesegelt sind wir deshalb hauptsächlich auf der Alster oder der Ostsee, meistens am Wochenende, dann mal drei Wochen am Stück, dann fünf, sechs. Unsere Touren wurden immer länger, und irgendwann habe ich die entscheidende Frage gestellt: Können wir das nicht da machen, wo die Sonne scheint und das Wasser wärmer ist? Unsere Kinder studieren in Groningen und Bremen, in Hamburg hat uns nichts gehalten.

Das war der Start unseres Lebens auf dem Boot. Matthias hat seinen Job als Berater aufgegeben und ist heute bei »Vast Forward« angestellt – worüber ich sehr froh bin, denn als Berater hätte ich ihn mir gar nicht leisten können.

Erreichbar sind wir zu den üblichen Geschäftszeiten. Wir stehen meistens um sieben Uhr auf, dann springen wir erst mal ins Wasser, trinken Kaffee, und gegen neun Uhr klappen wir die Laptops auf. Die Nachmittage versuchen wir uns möglichst von Terminen freizuhalten, aber bis 18 Uhr sind wir zumindest telefonisch und per E-Mail erreichbar.

Genug Zeit, um die Umgebung zu genießen, haben wir trotzdem. Wir führen dieses Leben ja, um etwas von der Welt zu sehen. In unserem ersten Jahr an Bord segelten wir die spanische und portugiesische Atlantikküste entlang bis nach Gibraltar, dann ging es im zweiten Jahr weiter nach Sardinien, wo auch ein großes Teamtreffen mit 23 festen und freien Mitarbeitenden stattfand. Wir sind durch die griechische Inselwelt bis nach Südfrankreich gesegelt, dann die Adria hinauf bis Venedig und die kroatische Küste wieder hinunter. Wir haben die ganze italienische Westküste erkundet, waren auf Sizilien, Menorca und in Südfrankreich. Und jetzt im »Corona-Jahr« sind wir wieder auf den Balearen, auf Mallorca, gelandet.

Statt Work-Life-Balance sprechen wir lieber von Work-Life-Blending: Bei uns gehen Leben und Arbeiten ineinander über. Wir werden oft gefragt, ob wir uns denn nicht auf die Nerven gingen, zu zweit auf kleinstem Raum, 24 Stunden am Tag, sieben Tage die Woche – und ich kann nur sagen: Nein, wir sind ein Paar, das besser funktioniert, je mehr Zeit wir miteinander verbringen. Wir kennen beide unsere Stärken und Schwächen und ergänzen uns in der Arbeit und im Privaten. Geholfen hat uns dabei sicherlich auch das Segeln: Ein so großes Schiff ist sehr herausfordernd, das kann einer allein gar nicht manövrieren, und es gibt viele Situationen, in denen einer dem anderen sein Leben anvertrauen muss. Wer welche Aufgaben übernimmt, ergibt sich meist von ganz allein.

Mittwochs, 10 Uhr, Skype-Yoga

Ein Team zu führen, ohne mit den anderen gemeinsam in einem Raum zu sitzen, ist allerdings kein Selbstläufer. Wenn man sich nicht jeden Tag im Büro sieht, ist die Gefahr groß, dass man das Zusammengehörigkeitsgefühl verliert.

Um uns trotz Distanz als Team zu fühlen, legen wir viel Wert auf Kommunikation mit unseren Mitarbeiterinnen. Wer eine Frage hat, bekommt nach wenigen Minuten im Skype-Chat eine Antwort. Außerdem haben wir Video-Calls zu festgelegten Zeiten. Montags um 10 Uhr gibt es beispielsweise immer unseren Montagsplausch, bei dem wir uns hauptsächlich über das Wochenende austauschen, und seit dem ersten Lockdown im Frühjahr veranstalten wir jeden Morgen einen »Check-In«. Zu 80 Prozent geht es dabei um private Themen, es ist quasi der Plausch, der sonst im Büro an der Kaffeemaschine stattfinden würde. Dieser Austausch gibt uns auch allen ein Gefühl der Sicherheit.

Mittwochs um 10 Uhr treffen wir uns zum Skype-Yoga. Jede Mitarbeiterin rollt dort, wo sie gerade ist, ihre Yogamatte aus. Das machen wir jetzt seit fast vier Jahren jede Woche! Per Videochat können wir uns alle sehen, und die Trainerin kann auch darauf hinweisen, wenn eine Haltung nicht richtig ist. Das funktioniert erstaunlich gut.

Dass wir nur Frauen beschäftigen, hat sich eher zufällig ergeben. Die meisten sind durch Empfehlungen zu uns gekommen, tatsächlich scheint unser Arbeitsmodell für Männer einfach weniger interessant zu sein: Bei uns kann man keine Karriere im klassischen Sinn machen, und man muss seinen Arbeitsalltag selbst gestalten. Wir betreuen keine kompletten Marketingetats und kreieren auch keine Werbekampagnen, sondern erfüllen Aufträge, die in kürzester Zeit bearbeitet werden müssen. Unsere Mitarbeiterinnen sind alle, bis auf eine, Quereinsteigerinnen, die in ihre Jobs reingewachsen sind. Unser Arbeitsmodell passt in ihr Leben – das ist das Wichtigste. Alles andere lässt sich erlernen.

In beruflichen Fragen tauschen wir uns ohnehin ständig aus, per Telefon, Chat, E-Mail oder über Dokumente, die wir gemeinsam bearbeiten können. Vor Corona haben wir uns mindestens zweimal im Jahr getroffen. Zum Frühlingsfest kommen wir gewöhnlich immer da zusammen, wo wir gerade mit unserer »Vast« liegen – das ergibt sich spontan durch unsere Segelroute. Und wenn es passt, können uns unsere Mitarbeiterinnen auch zwischendurch auf dem Schiff besuchen und von hier arbeiten.

Wir haben an Bord zwei separate Gästekabinen mit insgesamt fünf Kojen. Wir versuchen es aber so einzurichten, dass nicht mehr als drei Gäste gleichzeitig zu Besuch sind, damit noch Raum fürs Arbeiten bleibt.

Wir haben ein sehr familiäres Verhältnis zu unseren Mitarbeiterinnen. Vertrauen statt Kontrolle ist unser Leitspruch. Diesen einzulösen ist mir am Anfang allerdings selbst schwergefallen. Als Chefin will ich ja eigentlich über alles informiert sein und alles unter Kontrolle haben. Aber so kann dezentrales Arbeiten nicht funktionieren. Das geht nur über Vertrauen – und Verabredungen. Wir haben zum Beispiel gelernt, dass es allen hilft, ganz konkrete

Zielvereinbarungen zu treffen – und dass die richtige Kommunikation unser wichtigstes Tool für das Arbeiten auf Distanz ist.

Während der Woche liegen wir meist vor Anker in einer Bucht oder in einem Hafen, dort können wir manchmal ein offenes WLAN nutzen, meistens gehen wir aber über unsere mobilen Datenverträge ins Internet, die Verbindung ist in der Regel sehr gut. Wir haben Flatrates, und seit in der EU die Roaming-Gebühren weggefallen sind, ist das ja ganz unkompliziert.

Was wir anfangs gar nicht bedacht hatten, war das mitunter starke Schwanken an Bord. Auf Korsika lagen wir wegen eines Sturms mal fünf Tage in einer Bucht – und das Schiff hat sich in den Wellen so stark bewegt, dass ich maximal eine halbe Stunde am Rechner sitzen konnte, dann musste ich an Deck, um Luft zu schnappen. Richtig seekrank sind wir zum Glück beide noch nie geworden, aber diese Erfahrung war für uns ausschlaggebend, von einem klassischen Segelboot auf einen Katamaran zu wechseln. Wieder in einer Wohnung in einer Stadt zu leben – das könnte ich mir im Moment gar nicht vorstellen.

Gut zu wissen

Tipps zum dezentralen Arbeiten für Unternehmer

Legen Sie viel Wert auf Kommunikation und überlegen Sie sich Regeln

In welchen Fällen werden E-Mails verschickt, wann sind Telefonate oder Chats besser? In Chats kann vieles schnell falsch verstanden werden. Wie soll dort der Ton sein? Wie schnell werden Antworten erwartet?

Nehmen Sie sich Zeit für Nettigkeiten

Am Telefon meldet sich kaum jemand, ohne »Hallo« oder »Guten Morgen« zu sagen. Warum sollte das in einem Chat anders sein? Es mag eine Kleinigkeit sein, aber »Liebe Grüße« liest sich freundlicher als »LG« – und drückt Wertschätzung für Ihr Gegenüber aus.

Jeder Einzelne will im Team wahrgenommen werden und Bestätigung erhalten

Organisieren Sie gemeinsame Chats, bei denen transparent wird, wer woran arbeitet.

Aus einem Jahr wurden sieben

Er schlief in einer Hängematte und ritt mit dem Pferd zur Arbeit: Markus Schmid, 51, baute in Nicaragua eine Kakaoplantage auf.

Seinen Arbeitsplatz konnte Markus Schmid erst nur per Pferd erreichen. »Reiten habe ich als junger Mann gelernt, aber ich hätte nie gedacht, dass ich das mal beruflich brauchen würde«, sagt er. Rund vier Kilometer trennten das Brachland, das mit seiner Hilfe zur Kakaoplantage werden sollte, von der nächsten asphaltierten Straße. Außer einem alten Holzgebäude mit Lehmboden gab es dort nichts: keinen Strom, kein fließendes Wasser, keine Kakaobäume.

Ein Jahr lang sollte Schmid bleiben und zusammen mit zwei Kollegen für den schwäbischen Schokoladenhersteller *Ritter Sport* das 25 Quadratkilometer große Land erschließen. Sein Arbeitgeber hatte für ihn ein hübsches Haus in Managua, Nicaraguas Hauptstadt, gemietet – 350 Kilometer und mehr als fünf Stunden Autofahrt plus Pferderitt von der zukünftigen Plantage entfernt. Oft schliefen Schmid und seine Kollegen deshalb vor Ort in der Hängematte, kochten Reis und Bohnen auf offenem Feuer.

Vor sechs Jahren haben wir im SPIEGEL zum ersten Mal über Schmid berichtet, damals hatte er seinen Aufenthalt in Nicaragua gerade zum dritten Mal verlängert. Er wolle bleiben, bis die erste

Ernte eingefahren sei, sagte er damals. Diesen Plan hat er umgesetzt.

Knapp 1,5 Millionen Kakaobäume wachsen mittlerweile auf der Plantage, zu der nun mehrere Häuser, Werkstätten und Lagerhallen gehören. 2018 trugen die ersten Bäume Früchte, es reichte für 30 000 Schokoladentafeln. Für Schmid ein großer Erfolg: In der Firma hatte man damit gerechnet, dass die erste Ernte nur für interne Tests reichen würde.

Seit einem Jahr ist Schmid zurück in Waldenbuch, dem Sitz von *Ritter Sport* in der Nähe von Stuttgart. Zurückgekommen ist er nicht nur mit vielen Erfahrungen, sondern auch mit drei kleinen Kindern. Als klar war, dass er länger in Nicaragua bleiben würde, war seine damals schwangere Lebensgefährtin nachgekommen.

Freunde und Eltern seien besorgt gewesen, sagt Schmid. »Die medizinische Versorgung in Nicaragua ist nicht überall optimal, aber die Klinik in Managua ist mit einem deutschen Kreiskrankenhaus vergleichbar. Meine Frau hat da keine Sekunde gezögert. Und wir haben nur gute Erfahrungen gemacht.«

Sieben Jahre lebte Schmid insgesamt in Nicaragua, pendelte zwischen der Hauptstadt und der Plantage, die nun »El Cacao« heißt und die bis 2025 ein Viertel der für *Ritter-Sport*-Schokoladen benötigten Kakaomasse liefern soll.

Er verliebte sich schnell in das Land. Die Unbeschwertheit der Menschen, die Nähe zum Meer, die beeindruckende Landschaft, das leckere Essen – Schmid gerät schnell ins Schwärmen, wenn er von seiner Zeit in Nicaragua erzählt. »So zartes Rindfleisch wie dort habe ich in Deutschland noch nie gegessen«, sagt er.

Die Rückkehr nach Schwaben sei ihm trotzdem leichtgefallen: »Ich bin ein Familienmensch, hier ist meine Heimat.« Er habe sich in den sieben Jahren auch nie abgekoppelt gefühlt von Freunden und Verwandten. »Unsere Urlaube in Deutschland haben wir zur Beziehungspflege genutzt. Und wir hatten oft Besuch, sogar von

Kollegen, die privat nach Nicaragua geflogen sind, um mal bei uns vorbeizuschauen.«

Jeder Besucher bekam eine Liste mit Dingen, die Schmid aus Deutschland vermisste – zum Beispiel einen Toilettenaufsatz für Kinder. Der Zollbeamte habe bei der Einreise gestaunt, als er den aus dem Koffer eines Kollegen zog, berichtet Schmid.

»Beim Ritter«, wie Schmid seinen Arbeitgeber nennt, kennen sich viele Mitarbeiter schon seit Jahrzehnten. Er selbst arbeitet seit 35 Jahren für das Familienunternehmen, hat dort seine Lehre gemacht, sich dann hochgearbeitet bis zum Fabrikleiter. Als Projektmanager kümmert er sich jetzt unter anderem um den Bau einer neuen Logistikhalle und die Modernisierung von Arbeitsabläufen, ist viel unterwegs, spricht mit vielen Menschen. »Nur am Schreibtisch sitzen, das ist nichts für mich«, sagt er.

Die Zeit in Nicaragua habe ihn verändert. »Ich bin jetzt viel pragmatischer.« Statt alles bis ins kleinste Detail durchzuplanen, sei seine Devise nun: »Wenn der Plan steht, einfach mal machen.« Er versuche jetzt, häufiger »aus der Box zu denken«, kreative Lösungen zu finden und schneller zu Entscheidungen zu kommen.

Beim Aufbau der Plantage habe er ständig umdenken und dazulernen müssen – zum Beispiel beim Bau eines Brunnens. »Wir brauchten einen Brunnenbohrer, aber es gibt keine Gelben Seiten, in denen man Handwerksfirmen finden kann. Internetseiten haben auch die wenigsten.« Letztlich habe es dann aber doch geklappt: »Man muss jemanden kennen, der jemanden kennt.«

Warten auf die Ansage vom Chef

Schmid hatte vor der Abreise ein interkulturelles Training und einen Sprachkurs absolviert. »Aber Spanisch und Nicaraguanisch sind zweierlei«, sagt er und lacht. Mit Englisch sei er selten weitergekommen, deshalb habe er vor Ort die Sprache gelernt, »auf die harte Tour«, mit viel Büffeln in kurzer Zeit.

Sehr geholfen habe ihm damals ein Kollege, dessen Eltern aus Nicaragua und Deutschland kommen. Zusammen installierten sie eine Solaranlage, stellten Antennen für den Handyempfang auf, engagierten Arbeiter, die Straßen und Gebäude bauten und Bäume pflanzten.

Eine der größten Herausforderungen für den Schwaben auf der Plantage: die Mitarbeitenden zum eigenständigen Handeln zu motivieren. »Aus Deutschland war ich es gewohnt, dass die Leute aus meinem Team Lösungsvorschläge machen«, sagt Schmid. »In Nicaragua waren sie genauso qualifiziert und motiviert wie meine deutschen Kollegen, haben aber darauf gewartet, dass ich als Chef eine Ansage mache, und sich nicht getraut, eigene Ideen vorzuschlagen.« Dass er es geschafft habe, dieses Muster zu durchbrechen, darauf sei er besonders stolz, sagt Schmid.

Mittlerweile arbeiten rund 400 Menschen auf der Plantage. Das Einstiegsgehalt liege auch für einfache Tätigkeiten schon 20 bis 30 Prozent über dem nicaraguanischen Mindestlohn, die Angestellten seien renten- und krankenversichert, heißt es von *Ritter Sport*: »Unsere Plantage soll zeigen, dass es möglich ist, Kakao unter anständigen sozialen und ökologischen Bedingungen anzubauen.«

Statt mit einer Machete, wie auf anderen Kakaoplantagen, werden die sehr harten Kakaofrüchte auf »El Cacao« mit einer eigens von den Schwaben konstruierten Maschine geöffnet, die die Bohnen auch gleich herausschleudert. Das minimiert die Verletzungsgefahr, ist schnell und effektiv. »Fruchtschneider«, haben Schmid und seine Kollegen die Eigenkonstruktion getauft. Sie sieht aus wie ein überdimensioniertes Hamsterrad und, das ist Schmid besonders wichtig, »kann leicht vor Ort repariert werden«.

Wie sich die Plantage entwickelt, will der 51-Jährige auch weiterhin eng verfolgen. Seine Familie verbringt so oft es geht ihren Jahresurlaub in Nicaragua.

»Der Alltag stellt sich schon nach ein paar Tagen ein«

Amin Ben Said, 33, hat sein Homeoffice von einer 30-Quadratmeterwoh-
nung in Berlin in ein Haus auf Sizilien verlegt. Hier arbeitet er auf der
Veranda und schaut dabei auf Mandel- und Olivenbäume.

Bevor mein Arbeitstag losgeht, fahre ich meist erst mal an den
Strand, gehe laufen oder schwimme eine Runde im Meer. Dann
frühstücke ich und setze mich mit einem Kaffee auf die Veranda.
Ich blicke auf Oliven- und Mandelbäume, die nächsten Nachbarn
wohnen einen halben Kilometer entfernt, und alles, was ich höre,
sind die Vögel, die zwitschern.

Eigentlich wohne ich in Berlin – in einer Parallelstraße der Son-
nenallee, wo rund um die Uhr was los ist, wo es immer laut ist.
Vier Tage die Woche arbeite ich dort von meiner 30 Quadratme-
ter-Wohnung aus, einen Tag gehe ich in ein Co-Working-Büro.

Mit meiner Freundin wollte ich im Sommer 2020 Urlaub in Südfrankreich machen, dann wurde die Region wegen Corona zum
Risikogebiet erklärt, und wir bekamen Fluggutscheine. Damit
haben wir dann im Oktober Flüge nach Sizilien gebucht. In Noto,
im Südwesten der Insel, wollten wir fünf Tage Urlaub machen.
Doch dann sind wir geblieben. Die Laptops hatten wir dabei, weil
wir ohnehin ein bisschen arbeiten wollten, und zwei Tage vor
unserem Rückflug wurde in Deutschland der zweite Shutdown

ausgerufen. Da haben wir die Vermieterin einfach gefragt, ob wir bleiben dürfen, und sie hat uns ein gutes Angebot gemacht.

Meine Freundin arbeitet für eine Meditations-App – sie kann ihre Aufgaben auch problemlos von woanders aus erledigen. Ich habe vor einem Dreivierteljahr mein eigenes Unternehmen gegründet. Wir vereinfachen Rücksendungen für Kunden und Online-Händler. Die Kunden erhalten mit ein paar Klicks den Code für den Retourenschein auf ihr Smartphone, und Händler können die zurückgeschickten Artikel schnell in einen Kreis von Zweitverwertern geben.

Unsere größte Sorge war die Internetverbindung. Wir hatten Angst, sie sei nicht schnell genug, aber wir können meist problemlos Videoanrufe machen. Ich habe noch zwei Mitarbeiter, einer arbeitet von Bangladesch aus und kümmert sich dort um die IT, und eine andere Mitarbeiterin kümmert sich von Valencia aus um das Marketing.

Das funktioniert gut, denn wir müssen nicht am gleichen Ort und auch nicht zeitgleich arbeiten. Wären wir an einem Ort, würde das auch nicht viel ändern, weil jeder seine Aufgaben allein erledigen muss, außerdem würde ich den beiden ohnehin nie über die Schulter schauen. Wir haben reguläre Businessmeetings und jeden Montag einen Termin, an dem wir nur über Privates reden, zum Beispiel, was jeder am Wochenende gemacht hat. Natürlich ersetzt das nicht das gemeinsame Mittagessen oder Kaffeetrinken im Büro, vermutlich wird das auch die größte Herausforderung für die nächste Zeit sein: das Zwischenmenschliche zu erhalten.

Die Kollegin aus Valencia ist seit einem Monat mit dabei. Die Stelle hatte ich erst nur für Berlin ausgeschrieben, dann aber ortsunabhängig – und schon hatte ich statt 50 Bewerbern zehnmal so viele. Ich glaube, das wird die Zukunft sein: Unternehmen werden sich mehr und mehr Talente aus dem Ausland suchen.

Wir sind jetzt schon vier Wochen auf Sizilien. Homeoffice im Ausland ist aber kein Urlaub. Ich kann mich nicht einfach zwei

Wochen an den Strand legen und mir Gedanken über Gott und die Welt machen. Vorher dachte ich, ich hätte Zeit, jede Woche ein Buch zu lesen. Aber irgendwie bin ich doch nur am Arbeiten. Der Alltag stellt sich erstaunlicherweise schon nach ein paar Tagen ein.

Vielleicht liegt das aber auch daran, dass wir kaum Menschen treffen und nichts unternehmen dürfen. Wir können schon seit mehr als zwei Wochen unsere Zone nicht verlassen, die sich rund um Syrakus erstreckt. Wir gehen abends nur einkaufen oder fahren den Müll zum Recyclinghof, weil der hier nicht abgeholt wird. An den Wochenenden sind wir am Meer oder in den Bergen wandern. Deswegen fühle ich mich auch viel sicherer als in Berlin – wir haben ja kaum Kontakt zu Leuten.

Wir fliegen bald wieder zurück nach Deutschland, weil wir im Moment doppelt Miete zahlen müssen. Und mir graut es schon vor dem schlechten Wetter. Ich kann mir vorstellen, auch in Zukunft von einem anderen Land aus zu arbeiten. Dann würde ich mir aber wahrscheinlich einen zweiten Monitor, eine Tastatur und eine Maus mitnehmen.

Wissenswertes für Digitale Nomaden und für einen Auslandseinsatz

Sie möchten mobil arbeiten? Reden Sie mit Ihren Vorgesetzten
Solange es kein gesetzliches Recht auf Homeoffice gibt, sind Sie auf die Zustimmung Ihres Arbeitgebers angewiesen. Legen Sie deshalb vorab Ihre Pläne dar: Wie stellen Sie sich Ihr Homeoffice in der Ferne vor? Können Sie sicherstellen, dass Sie zu deutschen Geschäftszeiten online erreichbar sind?

Starten Sie einen Test
Unbezahlter Urlaub ist eine gute Möglichkeit, das Leben in der Ferne für einige Monate zu testen und sich nach geeigneten Co-Working-Spaces umzusehen – oder sich auf Jobsuche zu machen, falls Ihr Chef Ihren Plänen eine Abfuhr erteilt hat. Damit es aber dazu nicht kommt: Schlagen Sie eine Testphase von beispielsweise vier Wochen vor. In dieser Zeit können Sie dann beweisen, dass Sie genauso produktiv und gut erreichbar sind wie sonst auch.

Denken Sie an Krankenkasse und Sozialversicherung
Wenn Sie drei Wochen lang vom Strand aus arbeiten wollen, müssen Sie außer Ihrem Arbeitgeber erst mal niemanden informieren – aber Sie sollten auch in diesem Fall eine Auslandskrankenversicherung haben, die zum Beispiel Krankentransporte zurück nach Deutschland übernimmt. Komplizierter wird es, wenn Sie umziehen und einen neuen Wohnort anmelden wollen, denn dann müssen Sie eventuell in dem jeweiligen Land in die Sozialver-

sicherung einzahlen und Steuern zahlen. Und wer außerhalb der EU arbeiten möchte, muss sich gegebenenfalls bei den Botschaften oder Konsulaten um Aufenthalts- und Arbeitsgenehmigungen kümmern. Viele Digitale Nomaden sind mit Touristenvisa unterwegs – aber bewegen sich damit in einer rechtlichen Grauzone.

Wenn Sie einen neuen Job suchen: Bewerben Sie sich von Deutschland aus

Wer einen ortsunabhängigen Job erst noch finden muss, sollte sich von Deutschland aus bewerben. »Aus dem Ausland gestaltet sich dieser Prozess eher schwierig«, sagt die Digitale Nomadin Josefine Loewe. Schlagen Sie schon von sich aus im Vorstellungsgespräch eine Probezeit in Deutschland vor, um Vertrauen aufzubauen.

Suchen Sie Gleichgesinnte

Weltweit gibt es Co-Living- und Co-Working-Spaces, in denen man leicht Kontakte zu Digitalen Nomaden knüpfen kann. Das erleichtert den Start ins ortsunabhängige Arbeiten.

Bei Entsendung durch den Arbeitgeber: Erkunden Sie vorab, worauf Sie sich einlassen

Markus Schmid war vor Vertragsunterschrift eine Woche vor Ort in Nicaragua, um sich anzuschauen, wo er arbeiten würde. »Das hat extrem geholfen«, sagt er. Viele Arbeitgeber erklären sich bereit, sogenannte »Look-and-See-Trips« zu finanzieren: Reisen für die gesamte Familie, bei denen sich alle vor Ort ein Bild machen und gemeinsam überlegen können, ob sie sich dort einen längeren Aufenthalt vorstellen können.

Bereiten Sie sich gründlich vor – mithilfe des Arbeitgebers

Wenn Ihr Arbeitgeber Sie ins Ausland schickt, lassen Sie sich vor der Abreise ein interkulturelles Training und einen Sprachkurs finanzieren. Nehmen Sie aber auch vor Ort noch Sprachunterricht – Spanisch in Nicaragua oder Bolivien klingt zum Beispiel anders als in Spanien.

Wer sich nicht entscheiden kann ...

... in welches Land er oder sie gehen will und sich die Option offenhalten möchte, weiter umzuziehen, für den oder die lohnt es sich, Arbeitsmöglichkeiten zu suchen, die ortsunabhängig sind. Das geht recht einfach als IT-Experte, Journalistin, Wissenschaftler, Unternehmensberaterin oder natürlich, wenn man selbst als Unternehmer*in tätig wird. Mediziner*innen, Jurist*innen und Lehrer*innen müssen allerdings aufpassen: Sie müssen in anderen Ländern meist andere Voraussetzungen erfüllen, um ihren Beruf ausüben zu können.

Erst verhandeln, dann verreisen

Wenn Ihr deutscher Arbeitgeber Ihnen den Auslandseinsatz anbietet, soll-
ten Sie auf einer Entsendevereinbarung bestehen. Fachanwältin Aziza
Yakhloufi erklärt, was drinstehen sollte – und welche Verhandlungsspiel-
räume Sie haben.

**Frau Yakhloufi, Sie sind als Anwältin auf internationale Mit-
arbeitereinsätze spezialisiert. Worauf muss ich im Arbeitsvertrag achten, wenn mein Arbeitgeber mich ins Ausland schicken
will?**
Üblicherweise wird in einem solchen Fall ein Entsendevertrag auf-
gesetzt, in dem die Konditionen des Auslandsaufenthalts geregelt
werden. Der Arbeitsvertrag in Deutschland bleibt in der Regel
bestehen und ruht für den Zeitraum des Auslandseinsatzes. Die
Konditionen selbst müssen individuell ausgehandelt werden. In
vielen Unternehmen gibt es jedoch schon Entsenderichtlinien, in
denen die Übernahme der Kosten und die Konditionen festgelegt
werden.

**Welche Kosten werden denn üblicherweise vom Arbeitgeber
übernommen?**
Das ist individuell sehr unterschiedlich und hängt davon ab, ob
es Entsenderichtlinien in dem jeweiligen Unternehmen gibt. In
der Regel werden der Umzug, jährliche Heimflüge für die ganze
Familie und Krankenzusatzversicherungen gezahlt.

Verpflichtet ist der Arbeitgeber aber dazu nicht?
Ist die Entsendung ins Ausland im Interesse des Arbeitgebers, so hat dieser dem Arbeitnehmer grundsätzlich die anfallenden Kosten wie Reisekosten zu ersetzen. Wichtig sind aber die vertraglichen Vereinbarungen – und hier gibt es keine starren Regeln, was begünstigt werden muss. Wie beim Gehaltsgespräch gilt: Alles kann verhandelt werden.

Und das gilt auch für die Krankenversicherung?
Die Krankenversicherung ist typischerweise ein Zweig der Sozialversicherung, und da gilt grundsätzlich das sogenannte Territorialprinzip, das heißt, das Sozialversicherungssystem des Einsatzlandes wird angewendet – es sei denn, es gibt eine Rechtsvorschrift, die eine anderweitige Regelung vorsieht, wie zum Beispiel eine EU-Verordnung. Die Leistungen der Krankenversicherung hängen also davon ab, wie das Krankenversicherungssystem im jeweiligen Land ausgestaltet ist. In Singapur sind Ausländer beispielsweise nur dann vom Gesundheitssystem abgesichert, wenn sie einen Status als »permanent resident« haben, und in den USA gibt es gar keine gesetzliche Krankenversicherung im klassischen Sinne. Das kann ein Anknüpfungspunkt für Verhandlungen mit dem Arbeitgeber sein, wenn bestimmte Leistungen gewünscht sind.

Bleibe ich denn nicht in der deutschen Sozialversicherung?
Das ist ein komplexes Thema. Bei einer Entsendung innerhalb Europas können Sie einen Antrag stellen, um ihre Sozialabgaben weiter in Deutschland zu zahlen. Bei Drittstaaten kommt es darauf an, ob ein Sozialversicherungsabkommen mit Deutschland existiert. Mit den USA gibt es zum Beispiel so ein Abkommen, aber dieses deckt beispielsweise die Arbeitslosenversicherung nicht ab. Auch hier gilt: Im Zweifelsfall lieber einen Experten fragen.

Was ist, wenn mir erst vor Ort auffällt, dass bestimmte Kosten sehr viel höher sind als in Deutschland. Kann ich dann noch nachverhandeln?

Das kommt auf den Einzelfall an. Grundsätzlich gilt, was im Entsendevertrag steht – das kann nachträglich nicht so ohne weiteres verändert werden.

Bekomme ich mein Gehalt in Euro oder in der jeweiligen Landeswährung ausgezahlt?

Auch da kommt es darauf an, was Sie vorab mit dem Arbeitgeber vereinbart haben. Wer sein Gehalt in der Landeswährung erhalten will, sollte auch an Währungsschwankungen denken und im Entsendevertrag festhalten, wie diese ausgeglichen werden, damit Sie nicht plötzlich weniger Geld haben, wenn es einen Kursrutsch gibt.

In welchem Land muss ich Steuern zahlen?

Das hängt vom jeweiligen Einzelfall ab und kann nicht pauschal beantwortet werden. Eine steuerliche Bewertung hängt von einer Vielzahl von Faktoren ab, beispielsweise von der Anzahl der geleisteten Arbeitstage in dem jeweiligen Land und den Regelungen eines etwaigen Doppelbesteuerungsabkommens. Das Thema kann sehr komplex werden, im Zweifel sollte man da einen Fachmann hinzuziehen.

Welche Feiertage gelten für mich im Ausland – die deutschen oder die des jeweiligen Landes?

In der Regel gelten die Feiertage dort, wo der Arbeitnehmer seiner Arbeitspflicht nachkommt.

In Ländern wie Thailand gibt es mehr als ein Dutzend gesetzlicher Feiertage, einheimische Arbeitnehmer haben in der Regel aber auch nur zehn Urlaubstage pro Jahr. Kann mir mein deut-

scher Arbeitgeber dann auch die Zahl der Urlaubstage reduzieren?
Nein, es gilt die Zahl der Urlaubstage, die in Ihrem Vertrag beziehungsweise in der für den Zeitraum des Auslandsaufenthaltes geschlossenen Zusatzvereinbarung vereinbart wurden. In Deutschland sind bei einer Fünftagewoche 20 bezahlte Urlaubstage pro Jahr das gesetzliche Minimum, in vielen Branchen und Berufen sind aber auch 30 Tage Jahresurlaub üblich.

Das heißt, in Thailand habe ich dann im besten Fall mehr als 40 Tage im Jahr frei?
Ja. Die Erfahrung zeigt aber, dass Arbeitgeber sehr wohl vorab prüfen, wie viele Feiertage und Urlaubstage im jeweiligen Land üblich sind und das entsprechend in der Zusatzvereinbarung regeln.

Was ist, wenn es mir im Ausland nicht gefällt und ich früher zurückkommen will?
Wenn Sie einen Auslandsaufenthalt vorzeitig abbrechen wollen, brauchen Sie gute Gründe. Nur zu sagen: Es gefällt mir in dem Land nicht, oder die Arbeit macht mir keinen Spaß, reicht nicht. Da könnte man Ihnen gegebenenfalls Arbeitsverweigerung unterstellen. Mein Tipp: Schauen Sie sich den Arbeitsplatz im Ausland an, bevor Sie einen Entsendevertrag unterschreiben. Viele Unternehmen bieten auch von sich aus sogenannte Look-and-See-Trips an, bei denen Mitarbeitende sich mit der ganzen Familie ein Bild von der Lage vor Ort machen können.

Was ist, wenn der Arbeitgeber einer vorzeitigen Rückkehr nach Deutschland zustimmt – habe ich dann einen Anspruch auf meinen alten Arbeitsplatz?
In diesem Fall haben Sie grundsätzlich einen Rückkehranspruch, aber Sie haben keinen Anspruch auf dieselbe Stelle oder beispiels-

weise dasselbe Büro. Wenn Ihr Arbeitgeber Ihnen Ihre alte Arbeitsstelle nicht mehr anbieten kann, muss er für Sie eine adäquate, Ihren Qualifikationen entsprechende Alternative suchen. Das gilt auch, wenn Sie Ihren Auslandseinsatz nicht vorzeitig beenden, sondern wie geplant zurückkommen.

Das heißt, wenn ich vor dem Auslandsaufenthalt eine Führungsposition hatte, bekomme ich danach wieder eine?
Nein, so einfach ist das nicht. Eine Position gilt nicht allein deshalb als minderwertig, weil die Führungsverantwortung fehlt. Was als adäquat gilt, muss im Einzelfall betrachtet werden.

Sie haben als Anwältin schon viele internationale Mitarbeitereinsätze begleitet. Was sind denn Ihrer Erfahrung nach typische Fallstricke?
Das Thema Aufenthaltsrecht wird oft unterschätzt. Es kann vorkommen, dass kurzfristig entschieden wird, dass ein Mitarbeiter ins Ausland entsandt werden soll. Hierbei wird oft verkannt, dass in der Regel mindestens drei Monate für die Beschaffung eines Arbeitsvisums eingeplant werden sollten.

Darf ich den Papierkram dafür in meiner Arbeitszeit erledigen?
Sofern der Arbeitnehmer mit Zustimmung des Arbeitgebers die Beantragung des Visums für den Auslandseinsatz selbst übernimmt, dürfte dies wohl während der Arbeitszeit erfolgen. Eine Vielzahl von Firmen haben jedoch ein eigenes Entsendemanagement, das sich unter anderem um Arbeitsvisa für Mitarbeitende kümmert.

Aziza Yakhloufi, 43, arbeitet als Fachanwältin für Arbeitsrecht und Handels- und Gesellschaftsrecht in Eschborn und leitet dort das Büro der Kanzlei Rödl & Partner. Sie berät mittelständische und größere Unternehmen zu Fragestellungen des nationalen und

internationalen Arbeitsrechts und ist unter anderem auf Vertrags-
gestaltungen spezialisiert.

Sind Sie bereit für eine Zeit im Ausland?

Arbeiten unter Palmen. Andere Kulturen kennenlernen. Der Liebe folgen. Es gibt viele Gründe, warum Menschen auswandern. Wer in ein anderes Land ziehen möchte, der sollte vor allem ehrlich zu sich sein, sagt Hans-Georg Willmann. Der Psychologe und Coach lebt seit drei Jahren mit seiner Frau in Cairns, Australien, und berät Menschen bei Umzügen ins Ausland und bei der Rückkehr in ihre Heimatländer. »Wer nur mit dem Gefühl ins Ausland geht, es mache sich gut im Lebenslauf oder aus falschem Stolz sagt: ›Das wird doch wohl zu schaffen sein‹, überfordert sich mit hoher Wahrscheinlichkeit«, sagt Willmann, der viele Jahre lang Auswahlverfahren für Auslandseinsätze im Auftrag verschiedener NGOs begleitet hat.

Zusammen mit SPIEGEL-Coaching-Autorin Anne Otto hat Willmann einige Checklisten entwickelt, mit denen Sie herausfinden können, ob Sie für einen Auslandsaufenthalt geschaffen sind. Mit den verschiedenen Checks können Sie Ihre Motive prüfen. Außerdem erfahren Sie, welche Kompetenzen Sie für das Abenteuer Ausland schon mitbringen und an welchen persönlichen Fähigkeiten oder äußeren Umständen Sie noch etwas ändern könnten, damit ein Leben in der Ferne gelingen kann.

Sie finden hier fünf Checklisten mit Fragen. Kreuzen Sie intuitiv an, was zutrifft! Zählen Sie dann die Kreuze und notieren Sie den Wert im jeweils vorgegebenen Kästchen. Ab Seite 239 finden Sie die Auflösungen.

Check eins: Motive

☐   Ich würde gern mal woanders leben und arbeiten –
ich weiß auch ungefähr, was ich dort erreichen
will und was ich aus der Erfahrung mitnehmen
will.

☐   Eine neue Sprache wirklich zu lernen, neue Kulturen kennenzulernen – das interessiert mich.

☐   Im Ausland könnte ich bestimmte Facetten meines
Berufs oder meiner Fachrichtung noch mehr ausbauen.

☐   Ich habe mich schon konkret damit beschäftigt,
warum ich gern mal eine Zeit in einem anderen
Land leben will und was mich dazu antreibt.

☐   Es gibt bestimmte Regionen, die mich besonders
interessieren. Ich bin gut darüber informiert, wie
es dort ist – und was ich dort machen könnte.

☐   **Anzahl**

Check zwei: Neugierde

☐ Wenn im Beruf oder im Privatleben Veränderungen anstehen, gibt es zumindest eine Stimme in mir, die sagt »Das ist interessant, mal sehen, wie sich das entwickelt«.

☐ Unbekannte Umgebungen und Lebenssituationen – ich weiß, wie ich damit umgehen kann und gebe mir die Zeit, mich darauf einzulassen.

☐ Unsicher sein, nicht genau zu wissen, was zu tun ist, die Antwort nicht zu kennen – das ist nicht schön, aber ich kann das ganz gut aushalten.

☐ Es interessiert mich fast immer, etwas dazuzulernen, Neues kennenzulernen, zu verstehen, wie die Welt tickt.

☐ Wo ich auch hinkomme, meistens lerne ich dort bald ein, zwei oder auch mehr Menschen kennen, mit denen ich ganz gut auskomme.

☐ *Anzahl*

Check drei: Spontaneität

☐ Ich stelle es mir leichter vor, irgendwo zu leben, wo das Wetter besser ist als in Deutschland.

☐ Planen ist bestimmt ganz gut – aber auf das, was einen im Ausland erwartet, kann man sich letztlich nicht vorbereiten.

☐ Im Süden zu leben oder am Meer, das wäre für mich das Paradies.

☐ Tolle Landschaften, Abenteuer und ein bisschen Nervenkitzel, das reizt mich an einem Berufsleben im Ausland.

☐ Die Situation hier zu Hause ist für mich manchmal schwierig und ermüdend. Ich träume gelegentlich davon auszuwandern.

☐ **Anzahl**

Check vier: Lernbereitschaft

☐ Wenn ich neu in einem Land bin, bemühe ich mich, wenigstens ein paar Brocken der Sprache aufzuschnappen.

☐ Wenn ich Menschen aus Kulturen kennenlerne, die mir noch fremd sind, beobachte und frage ich viel und versuche herauszufinden, warum jemand ist, wie er ist.

☐ Ich weiß, dass ich in einer fremden Kultur manchmal auch peinliche Fehler machen werde.

☐ Worüber Menschen in einem Land lachen, das interessiert mich. Man kann daran oft sehen, wie die Leute dort ticken.

☐ Es ist gut zu wissen, dass es immer kulturelle Unterschiede gibt – so kann man sich leichter orientieren.

☐ **Anzahl**

Check fünf: Sicherheit

- [ ] Ich bin alleinstehend/noch recht jung und kann meine Pläne unabhängig von anderen machen.

- [ ] Mir geht es finanziell gut. Ich habe genügend Ersparnisse, um im Ausland Zeit zu überbrücken, bis ich eine Arbeit gefunden habe.

- [ ] Dort, wo ich plane hinzugehen, habe ich Freunde, Familie, Bekannte oder eine Partnerin/einen Partner.

- [ ] Es liegt auf der Hand, was ich im Ausland beruflich machen würde, zum Beispiel für meine Firma arbeiten, Work-and-Travel oder studieren.

- [ ] Ich übe einen Beruf aus, mit dem man überall gut Arbeit findet und der dort, wo ich hingehe, gebraucht wird.

[ ] **Anzahl**

Auflösung

Check eins: Kennen Sie Ihre Motive und Ziele?

Wenn Sie in diesem Check mehr als drei Mal eine Antwort angekreuzt haben, wissen Sie wahrscheinlich schon recht genau, wie Sie einen Auslandsaufenthalt beruflich und persönlich gestalten würden und/oder an welchen Ort es Sie zieht. Das ist gut, denn konkrete Ziele sind eine Voraussetzung dafür, dass ein Auslandsaufenthalt gelingt.

Verschiedene Beweggründe wirken sich erwiesenermaßen positiv auf den Verlauf von Auslandszeiten aus: Wollen Sie vor Ort helfen und etwas aufbauen? Sind Sie daran interessiert, sich selbst fachlich und persönlich weiterzuentwickeln, ihre Sprach- und Kulturkenntnisse zu verbessern, oder wollen Sie Führungschancen ergreifen? Falls einige dieser Stichworte etwas bei Ihnen anklingen lassen, versuchen Sie diese noch bewusster in den Blick zu nehmen und weiter zu konkretisieren. So können Sie einen Aufenthalt planen, bei dem Umgebung und Umstände zu Ihnen und Ihren Zielen passen.

Haben Sie in dieser Liste zwei Mal oder seltener eine Antwort angekreuzt, kann es sein, dass Ihnen eigentlich nicht nach einem Aufenthalt im Ausland zumute ist. Oder Sie haben zwar einen Wunsch, einmal woanders zu leben, haben aber noch nicht genug gute Gründe dafür gefunden. Es lohnt sich dann, Ihren persönlichen Wünschen und Vorstellungen noch mehr auf den Grund zu gehen.

Übung
Um sich über Ihre Ziele klar zu werden, beantworten Sie folgende Fragen:

239

1. Erinnern Sie sich daran, wann Sie das erste Mal darüber nachgedacht haben, dass Sie ins Ausland gehen wollen? Seit wann beschäftigen Sie sich mit dem Thema? (Hier finden Sie heraus, ob es ein tiefgehender Wunsch ist oder eher etwas, das von außen erwartet wird oder als fixe Idee kurzfristig aufgetaucht ist.)

2. Gibt es ein Wort, einen Begriff, der Ihren Wunsch am besten beschreibt, zum Beispiel Bildung, Abenteuer, Lernen? (Die Frage hilft dabei herauszufinden, welches Thema im Ausland für Sie wichtig sein wird.)

3. Beschreiben Sie in einem Satz, was Sie im Ausland machen wollen. (Das erleichtert es Ihnen, ins Handeln zu kommen und sich auf konkrete Aufgaben zu fokussieren.) Wenn Sie alle drei Fragen beantwortet haben, wissen Sie sicherlich schon genauer, welche Chancen sich Ihnen bei einem Aufenthalt in einem anderen Land bieten könnten.

Check zwei: Sind Sie offen für Neues?

Wenn Sie hier drei Mal oder häufiger eine Antwort angekreuzt haben, können Sie sich an veränderte Situationen wahrscheinlich gut anpassen und sind offen für alles Neue. Diese Fähigkeit ist wichtig, um im Ausland zurechtzukommen. Sie müssen kein Reise-Fan und Abenteurer sein, um mit einer bisher unbekannten Situation umgehen zu lernen. Eine gewisse Anpassungsfähigkeit an Ungewohntes und eine Fähigkeit zu improvisieren sind dagegen von Vorteil. Nicht nur, weil Sie im Ausland mit anderen Kulturen zu tun haben werden, Sie brechen auch in ein neues Leben auf, in dem Sie neue Menschen kennenlernen und sich an andere Tagesabläufe gewöhnen müssen.

Offener für Neues zu werden ist für alle empfehlenswert, die hier zwei Mal oder seltener eine Antwort angekreuzt haben. Denn Aufgeschlossenheit und Improvisationsfähigkeit sind Schlüsselkompetenzen für einen gelungenen Auslandsaufenthalt.

Übung
Sie wollen flexibler werden? Kleine Experimente im Alltag können dabei helfen:

1. Kaufen Sie in dieser Woche einmal bei einem chinesischen, indischen, arabischen oder russischen Lebensmittelhändler ein und kochen Sie mit den Zutaten des betreffenden Landes. (Falls Sie schon ein Ziel im Auge haben, suchen Sie einen Laden, der die Lebensmittel dieses Landes anbietet.)

2. Helfen Sie ehrenamtlich bei einer Veranstaltung für Geflüchtete, bei der Sie auf Menschen anderer Kulturen treffen, und kommen Sie mit ihnen ins Gespräch. Sie können auch einen Tandempartner aus einem anderen Land suchen, mit dem Sie sich regelmäßig zu Gesprächen verabreden. All das hilft, offener für Unbekanntes zu werden.

Check drei: Haben Sie realistische Erwartungen?

Wenn Sie in diesem Check drei Mal oder häufiger eine Antwort angekreuzt haben, haben Sie zwar eine gewisse Sehnsucht nach dem Ausland, vielleicht sogar Flucht- oder Ausbruchsgedanken. Ihr Hang in die Ferne ist im Moment aber möglicherweise noch etwas unausgegoren. Eine gute Planung und realistische Einschätzung der Härten und Schwierigkeiten, die auftauchen können, wenn Sie in ein fremdes Land gehen, wären für Sie ein wichtiger Schutzfaktor.

So lautet eine Faustregel in der Beratung für Auslandsaufenthalte: Der Kulturschock kommt bestimmt. Und mit ihm Durststrecken, in denen man sich einsam und belastet fühlt. Diese Belastungen sollten Sie nicht unterschätzen.

Besonders selbstkritisch sollten Sie sein, wenn Sie das Gefühl haben, Sie würden gern Schwierigkeiten, die Ihnen in ihrer aktuellen Situation zu schaffen machen, durch einen Schritt ins Ausland hinter sich lassen. Persönliche Probleme und auch familiäre Konflikte nimmt man immer mit, häufig potenzieren sie sich im Ausland. Das heißt aber nicht, dass Sie zu Hause bleiben sollten. Es ist nur wichtig, dass Sie eine ehrliche innere Bestandsaufnahme machen: Fassen Sie im Vorfeld mögliche Hindernisse und Schwierigkeiten ins Auge.

Wenn Sie auf dieser Liste nur zwei Mal oder seltener eine Antwort angekreuzt haben, dann wissen Sie wahrscheinlich schon, dass Sonne und eine traumhafte Umgebung allein noch keine Glücksgarantie sind, und es ist Ihnen bewusst, dass Sie im Ausland Höhen und Tiefen erwarten. Bleiben Sie bei dieser Sichtweise.

Übung

Haben Sie in Ihrem Leben gerade ernsthafte psychische oder soziale Probleme, bei denen Sie Hilfe brauchen könnten oder die Sie nicht gut allein in den Griff bekommen? Wenn ja, suchen Sie hierzulande Hilfe.

Wenn Sie von sich nicht genau wissen, wie belastbar Sie psychisch sind, stellen Sie sich immer mal wieder vor kleinere Herausforderungen, die Sie allein meistern: Gehen Sie allein essen oder zu einem Konzert, übernehmen Sie allein ein Job-Projekt oder reisen Sie allein übers Wochenende in eine andere Stadt. Wenn Sie merken, dass Ihnen all das Freude macht und das Alleinsein Sie nicht bedrückt oder anderweitig ins Schleudern bringt, ist das ein gutes Zeichen.

Check vier: Sind Sie kulturell kompetent?

Die Fähigkeit, mit Individuen und Gruppen anderer Kulturen erfolgreich und angemessen zu interagieren, nennt man kulturelle Kompetenz. Dazu gehört, die Welt kultursensibel wahrzunehmen und dementsprechend vorsichtig und diplomatisch mit anderen umzugehen.

Für einen längeren Aufenthalt im Ausland ist das allein deshalb wichtig, weil man nur so eine Verbindung zu den Menschen herstellen kann. Aber auch, wenn man vor allem für sach- und fachbezogene Projekte in anderen Ländern unterwegs ist, ist es wichtig, sich auf die fremde Kultur einzulassen und Unterschiede in Verhalten und Werten überbrücken zu können, damit die eigenen Vorhaben gelingen.

Wenn Sie hier drei Mal oder häufiger eine Antwort angekreuzt haben, sind Sie mit dieser Art der Kommunikation wahrscheinlich schon etwas vertraut. Haben Sie seltener eine Antwort angekreuzt, sind Sie in diesem Punkt vielleicht noch nicht so geübt. Dann kann es sich für Sie lohnen, sich weiterzubilden. Keine Sorge: Kulturelle Kompetenz ist erlernbar.

Übung

Suchen Sie ein Land aus, für das Sie sich interessieren. Informieren Sie sich mit Reiseführern und Büchern über die Region. Lesen Sie Romane oder Sachbücher aus dem entsprechenden Kulturkreis. Und: Nutzen Sie Social-Media! Abonnieren Sie dortige Kanäle, folgen Sie Personen des öffentlichen Lebens und beteiligen Sie sich an den Diskussionen. Das hilft dabei, etwas von der Alltagskommunikation, den Werten und dem Umgang miteinander mitzukriegen. Sie sehen, was dort wichtig ist, was Ihnen fremd ist und können den Themen weiter auf den Grund gehen – und sich in Foren auch mal versuchsweise einmischen.

Check fünf: Wie günstig ist Ihre persönliche Situation?

Je häufiger Sie in dieser Liste eine Antwort angekreuzt haben, desto besser sind Ihre psychosozialen, körperlichen und beruflichen Voraussetzungen für einen längeren Auslandsaufenthalt.

Sie können mithilfe der Liste abschätzen, wie viele Ressourcen Sie ins Ausland mitnehmen. Das bietet Ihnen Orientierung, ist aber keine abschließende Wertung. Es ist auch möglich, mit wenig Geld oder ohne feste Arbeitsstelle ins Ausland zu gehen. Nur sollten Sie dann genauer planen, was Sie vor Ort tun könnten, um dort Fuß zu fassen oder einen Job zu finden.

Eine gute Möglichkeit der Vorbereitung ist es, die Landessprache zu lernen. Diese schon vor der Abreise gut zu beherrschen bietet die Chance, schnell ins berufliche und soziale Leben einzutauchen und rasch auf eigenen Beinen zu stehen. Auch für Menschen, die im Ausland zu einem Partner/einer Partnerin ziehen oder die mit ihrer Familie ins Ausland gehen, ist es ausgesprochen wichtig, sich auf diesen Punkt vorzubereiten.

Wenn Familien ins Ausland gehen, verläuft die Integration der Kinder meist einfach, doch mitreisende Ehepartner hängen häufig in der ersten Zeit in der Luft und wissen nicht genau, was sie selbst an dem neuen Ort für sich erreichen, erleben oder entwickeln wollen. Wenn diese Konstellation für Sie relevant ist, lohnt es, sich mit speziellen Büchern zum Thema vorzubereiten. Mögliche Quellen dafür finden Sie in unserer Liste am Ende des Buches.

Übung

Den Kontakt nach Hause zu halten will gelernt sein. Wenn Sie planen, irgendwann in den nächsten zwei Jahren ins Ausland zu gehen, überlegen Sie schon jetzt: Welche Kontakte wollen Sie auch auf Distanz pflegen? Benennen Sie eine Handvoll Freunde und Vertraute, die Ihnen wichtig sind.

Fassen Sie auch eine oder zwei berufliche oder private Gruppen ins Auge, deren Entwicklung Sie lose mitverfolgen wollen, ganz gleich, wo auf der Welt Sie sind.

Probieren Sie schon jetzt, sich über soziale Medien mit hiesigen Kontakten zu vernetzen oder mit wichtigen Menschen, die Sie im Moment noch in Ihrem Alltag sehen. Denn zu einem gelungenen Auslandsaufenthalt gehört – in vielen Fällen – auch eine gut geplante Rückkehr in ein Herkunftsland, in dem man zumindest zum Teil an alte Freundschaften anknüpfen kann.

Schlusswort

Auf den vergangenen Seiten sind wir einmal um den Erdball gereist. Wir waren ganz im Norden in Nuuk und ganz im Süden in Sydney, wir waren weit im Westen in Las Vegas und weit im Osten in Rarotonga.

Mehr als 270 000 Deutsche haben allein im Jahr 2019 die Bundesrepublik verlassen. Die meisten sind nicht weit weggezogen – sie leben nun in der Schweiz oder in Österreich. Aber schon auf Platz drei der beliebtesten Länder deutscher Auswanderer stehen die USA. Auch fünf unserer Protagonisten leben dort.

Bei der Auswahl der Geschichten für dieses Buch war uns weniger der Wohnort wichtig – uns ging es um die einzelnen Menschen und darum, wie sie ihr Abenteuer in Angriff genommen haben. Wir haben mit 16 Frauen und 19 Männern gesprochen, der Jüngste war 27, die Älteste 77 Jahre alt. Einige sind verheiratet, manche geschieden, viele haben Kinder, aber alle haben eines gemeinsam: Sie haben sich nicht beirren lassen von anderen und sind ihren eigenen Weg gegangen.

Wir haben nicht nur 35 Geschichten gesammelt, sondern auch 35 Lebensentwürfe kennengelernt. »Schule – Ausbildung – Job – Familie«, das ist der Vierklang, der noch immer in vielen Köpfen das Leben bestimmt. Die Menschen in diesem Buch haben uns gezeigt, dass es auch anders geht, dass ein Leben auch mit bunten Mustern gestrickt werden kann.

Ihre Erfahrungen haben wir hier zu Papier gebracht. Sie haben uns erzählt, wie sie die Koffer gepackt und ihr Leben in Deutschland aufgekündigt haben. Sie schilderten uns, wie das Ankommen und Einfinden war, wie sie sich ihre neue Heimat erkämpft haben und welchen Preis sie dafür zahlen mussten. Nicht alle sind auf Dauer in der Ferne glücklich geworden, einige leben mittlerweile wieder in Deutschland. Von ihnen wissen wir, dass man sich sogar nach deutscher Bürokratie sehnen kann.

Was wir vor allem gelernt haben: Es gibt kein perfektes Timing fürs Auswandern. Wer noch am Anfang der Karriere steht und keine Kinder hat, dem mag der Neustart leichter fallen, aber: Wer auf den richtigen Zeitpunkt hofft, wird nie auswandern, egal, ob mit oder ohne Familie.

Also worauf warten wir noch?

Dank

Wir danken den SPIEGEL-Lesern und allen Auswanderern, die uns ihre Geschichten erzählt haben, die offen und ehrlich über die schönsten und herausforderndsten Momente ihres Abenteuers gesprochen haben. Wir danken Angelika Mette und Rieke Gellert für die Betreuung des Buches im SPIEGEL-Verlag sowie Elisabeth Schmitten von Penguin für das Lektorat. Besonderer Dank gilt unserem Kollegen Jochen Leffers, der die Idee zur Auswandererserie auf spiegel.de hatte.

Kristin Haug und Verena Töpper
im Frühjahr 2021

249

Links und Buchtipps

Auswärtiges Amt:
https://www.auswaertiges-amt.de/de/

BDAE: Berät Unternehmen und Privatpersonen zu Auslandsentsendungen und Versicherungen im Ausland.
https://www.bdae.com/

Bundesstelle für Auswanderer und Auslandstätige: Informationen zu einzelnen Staaten und allgemeine Hinweise zum Auswandern.
https://www.bva.bund.de/DE/Das-BVA/Aufgaben/A/Auswanderer_
Auslandstaetige/auswanderer_node.html

Carl Duisberg Centren: Dienstleistungsunternehmen, das internationale Aus- und Weiterbildungen für Firmen, Institutionen
und Privatpersonen anbietet.
www.cdc.de

CIA World FactBook: Kurze Steckbriefe und interessante Fak-
tensammlungen zu allen Ländern der Erde – vom Aussehen der
Steckdosenbuchsen über Sitten und Gebräuche bis zum Bruttoin-
landsprodukt.
https://www.cia.gov/library/publications/resources/the-world-factbook/index.
html

Deutsche im Ausland: Informationsplattform für Deutsche im Ausland mit Informationen zu Auslandsaufenthalten und einer Datenbank deutschsprachiger Communitys und Anlaufstellen wie etwa Sylvia's Bakery in Auckland oder das Paulaner Brauhaus in Chelyabinsk.
https://www.deutsche-im-ausland.org/

Countrynavigator: Auf der englischsprachigen Webseite kann man länderkulturelle Trainings absolvieren, sich coachen lassen und an Workshops teilnehmen.
www.countrynavigator.com

InterNations: Netzwerk für Expats in aller Welt. Kostenpflichtige Premiummitgliedschaft.
https://www.internations.org

NomadList: Netzwerk für Digitale Nomaden mit Übersichtslisten zu Lebenshaltungskosten, Wifi-Verfügbarkeit und Co-Working-Spaces weltweit. Kostenpflichtige Mitgliedschaft.
https://nomadlist.com/

Raphaelswerk: Berät Menschen, die Deutschland dauerhaft oder befristet verlassen wollen – oder nach langer Zeit im Ausland wieder nach Deutschland zurückkehren wollen.
www.raphaelswerk.de

Übersicht über Deutschlands Sozialversicherungsabkommen: Deutschland hat mit vielen Staaten Sozialversicherungsabkommen geschlossen. Hiermit sollen Nachteile, die durch die Arbeit in verschiedenen Staaten mit unterschiedlichen Sozialversicherungssystemen entstehen können, auf ein Minimum reduziert werden.
https://www.deutsche-rentenversicherung.de/DRV/DE/Rente/Ausland/
Sozialversicherungsabkommen/sozialversicherungsabkommen_detailseite.html

Literatur

Reichhardt, Susanne und Anke Weidling: *Gemeinsam ins Ausland und zurück: Workbook für das Leben in der Fremde.* Klett-Cotta 2014.

Willmann, Hans-Georg: *30 Minuten Arbeitsmarktfitness.* Gabal 2020.

Blogs, Websites und Bücher der Protagonisten

Erster Teil:
Annette Horschmann auf Sumatra: https://tabocottages.com/
Carina Wenzel auf den Cook Islands:
https://www.adventurecookislands.com/
Antonia Schwoche in Peru: https://www.kaffeehaus.org/
Veronika La Fortune auf Tobago: http://www.healing-with-horses.org/
Clemens Fehr in Uganda:
https://www.mountains-of-the-moon.com/de/start/
Karin Haß in Sibirien: *Alles »normalno«,* CW Nordwest Media
2018; *Bärenspeck mit Pfeffer,* NG Taschenbuch 2016; *Fremde
Heimat Sibirien. Leben an der Seite eines Taigajägers,* NG Taschen-
buch 2014.

Zweiter Teil:
Miriam Milord in New York: https://www.bcakeny.com/
Daniel Garofoli in Dubai: https://danielgarofoli.com/
Kai Zaunick in Peru: https://www.zaunick.de/
Sven Ernst in Thailand: https://www.buzzwoo.de/
Petra Charles-Kühnast auf Dominica:
https://www.petra-tours-dominica.com/

Dritter Teil:
Michael Kredics in Vietnam: https://www.facebook.com/thehappybirdbb/
Tanja Weidner in Laos: *Zwei Kartoffeln in Laos: Die Geschichte vom Green Climbers Home – oder der bittersüße Traum vom Auswandern.* Kartoffelverlag 2020.
Christiane Teerling in Kanada: https://www.lindsaylakeestate.com/

Vierter Teil:
Tia Pelz in Kalifornien: http://tiapelz.de/
Maren Wagener im Mittelmeer: https://vast-forward.com/
Amin Ben Said auf Sizilien: https://www.8returns.com/

Bildnachweis